369 Miroku Mind

貧乏神退散！

みるみるツキが回り出す厄除けおまじない集

JN039695

KADOKAWA

はじめに

皆さん、こんにちは！　369 Miroku Mind（ミロクマインド）です。

僕のユーチューブチャンネルをご覧くださっている方々、前著『「運氣上がりっぱなし」になる99の氣づき』を読んでくださった方々、そして、「はじめまして」の方々。

この本を手に取ってくださって、ありがとうございます。

この本の、このページで皆さんにお会いできて、幸せです！

僕のライフワークは、今、僕が感じているような「幸せ」を皆さんにも届けること。

幸運になるメッセージを伝えていくことに、日々、全力を注いでいます。


さて、そんな僕が今、とっても氣になっているのは……。

つかめるはずの幸運を、みすみす取り逃がしている方が多いことです。

皆さんはどうでしょう。今現在、自分を「ツイている」と思いますか？

こう聞かれると、戸惑うかもしれません。

「『今』って聞かれると、よくわからない」

「だってツキや幸運って、たまに巡ってくるものでしょう？」と。


でも、違うのです。ツキや幸運は、たまに、チョコチョコと起こるものではありません。本当は、連続的に、どんどん、降るようにやってくるものです。

僕自身は今、そういう人生を生きています。

大げさでなく「奇跡の連続」のような毎日を送っています。

だから、大いに伝えたい。皆さんも本当は、そうなれるのだと。

幸運のサイクルが止まらない人生を送れるのだと。


「そう言われても、私の今の現実とは程遠いな……」

「お金もなくてカツカツだし」「なんだか体の具合も悪いし」

「嫌な人にばっかり出会っちゃうし」と、思った方。

――それはおそらく、「貧乏神」のせいです。

貧乏神さんは、ちょっとした心の隙間に入り込むイタズラ者。

あなたの目の前から幸運をヒョイッと隠してスルーさせたり、逆に、悪いことをチャンスに見せかけて失敗させたり。さらには、「私ってダメだ……」と落ち込ませたり、「なんで私だけこんな目に？」と周囲を恨ませたりもします。


ひどい神様ですよね。でも、そこまで極悪な神様というわけでもないんですよ。

ほんのイタズラ者ですから、退散していただくのも、意外と簡単。

この本では、その方法を「おまじない」形式でたっぷりとお伝えします。

基本は、日ごろなんとなくしていることを、少し変えるだけ。

それだけで貧乏神さんは「ここは居心地が悪い！」と思って、去ってくださいます。

「おまじない」形式で紹介しますから、「今はできていないな」というものや、「その発想はなかった！」というもの、そして「氣に入った！」ものをいつでも思い出し、必要ならば唱えて、貧乏神さんを撃退してください。


でも実は……ちょっぴり難しいところも少しだけあります。

それは、「考え方」の部分です。

もし今この瞬間にあなたに貧乏神さんがくっついているとしたら、あなたはきっとネガティブな氣持ちでいるはず。しょっちゅう「どうせ私なんか」「アイツが妬《ねた》ましい」「ああ、ツイていないな!」なんていう感情を抱いていると思います。

そういう氣持ちが、貧乏神さんの「ごはん」になり、貧乏神さんを元氣にし、ますます幸運をかすめ取られてしまう——。つまり、悪循環が起こるのです。


ですから、考え方を一八〇度変えることが必要です。

「私、ここから確実に幸運になれる」「今だって、本当は幸運なんだ」と、グルっと転換することが必要なのです。

……慣れていないと、難しく感じますよね。わかります。

でも、大丈夫。それは「今」だけです。

この本から一つひとつヒントを拾いあげていくうち、必ず氣づきます。

「私なんか」という考えが、貧乏神に見させられている「妄想」だということに。

一緒に、妄想の霧を晴らしに行きましょう！

今からもう、僕はワクワクしています。

貧乏神さんが悲鳴を上げて、一目散にあなたの元から逃げ去る未来が見えるから。

その先に、皆さん一人ひとりの、本当の人生が待っています。

そう、このページをめくった先に……。

皆さんも、貧乏神さんに退散していただいた先の、幸運だらけの新しい人生を想うと、ワクワクしてきませんか？

二〇二四年一月一六日　大安の日に

369 Miroku Mind

厄除けおまじない集　もくじ

序章 貧乏神さんって、どんな神様？
ツキを呼ぶための基礎知識

第1章 日常のツキを回すおまじない

第2章 お金のツキを回すおまじない

第3章 人間関係のツキを回すおまじない

第4章 健康のツキを回すおまじない

結章 貧乏神さんを笑顔で送り出す

お招きしたい！
龍神様（福の神様）

龍神様は、あなたの幸せを願い応援してくれる、福を呼ぶ神様（福の神様）です。

◎ 龍神様の好きなもの

- 笑顔、笑い声
- ポジティブな雰囲氣や言葉
- 感謝の氣持ちや人への親切
- ちょっとおバカで「悩むより行動！」の人
- 水の流れや空氣の循環
- 光るもの、明るい場所

✕ 龍神様の苦手なもの

貧乏神さんの好きなものを参照。

貧乏神さんは、あなたの目の前の幸運を隠してしまう、イタズラ好きの神様です。

◎ 貧乏神さんの好きなもの

・悪口や文句などネガティブな発言
・ため息やあきらめの暗い雰囲氣
・嫉妬や人の不幸を願う氣持ち
・頭が良すぎて考えすぎ、思い詰めてしまう人
・淀んで停滞した空氣
・光のない暗い場所

✕ 貧乏神さんの苦手なもの

龍神様の好きなものを参照。

装丁　西垂水敦＋市川さつき（krran）
本文デザイン　荒井雅美（トモエキコウ）
イラスト　NIKK MOU
編集協力　林加愛
本文DTP　エヴリ・シンク

序章

貧乏神さんって、どんな神様？

ツキを呼ぶための基礎知識

「福の神の世界」で暗躍する「貧乏神」とは？

「最近、ツイてない」「なぜか悪いことばかり起こる」と悩んでいる皆さん。それが貧乏神さんのイタズラだということは、「はじめに」でお話しした通りです。

ここまで読んで、皆さんは今、こう思っているでしょう。

「そもそも貧乏神って、何なの？」と。

ごもっともな疑問です。まずはその話から始めましょう。

僕の思う貧乏神さんとは……いいえ、「僕が思う」ではないですね。

「大きな何か」が僕に示してくれているこの世界での、貧乏神の見え方を話します。

「いやいや待って、『大きな何か』っていうのもあるの？」「それは何？」

という声が聞こえてきそうですね。これまた、ごもっともな問いです。

「大きな何か」とは、世界全体を守り、生けるものすべてを幸福にする存在のこと。

僕自身はその存在を、「龍神様」をはじめとする八百万《やおよろず》の神々だと感じています。でも、仏様だと感じる人もいれば、キリスト教の神様だと感じる方もいるでしょう。感じ方は違うけれど、実は同じ存在なんじゃないかな、と僕は考えています。色々な宗教の神様が別個に存在しているわけではなくて、国や時代や、個々の解釈によって、違う風に見えるだけなのだと。

皆さんも、どんな宗教・宗派であれ、無宗教の人であれ、ひとり残らず、この「大きな何か」に守られています。これが大前提です。

「大きな何か」と呼び続けるのも変なので、本書では「福の神（龍神様）」としましょう。福の神さんは全宇宙を包み込むほど大きくて、生物も無生物もみんなみんな、あまねく幸福で満たしたいと願っています。

　こういう偉大で至高な存在が、全力で皆さんを、宇宙のすべてを応援しているのですから、皆さんの人生は本来、幸福に満たされるはずなのです。

「だったらどうして、不運が起こるの？」と思いますよね。

はい、ここで貧乏神さんの登場です。

宇宙全体を包み込む福の神さんとは逆に、貧乏神さんは、小っちゃな小っちゃな神様です。個々の人の心の中に、隙間を見つけてはチョロっと忍び込みます。

一応「神」とついてはいるけれど、偉大な神様や尊い神様ではなく、でも、とても身近な存在。そして、小さいだけに氣づきにくい、厄介な存在です。

僕が貧乏神にとりつかれていたころ

「私は（神様に、ご先祖様に、仲間たちに）守られているから、ツイてるに決まってる！」と信じている人には、貧乏神さんは寄り付きません。

逆に、「自分ひとり」の能力や頑張りで幸せになろうとする人には、かなりの確率で貧乏神さんがすり寄ってきます。

昔の僕がそうでした。僕は十数年前まで、貧乏神に好かれていました。熱烈に愛さ

れていた、と言っても過言ではありません。

僕は、もともとコンサルタント業を営む、普通の社会人でした。大きな何かに思いを馳《は》せることもなく、自分ひとりで成果を得ていくのが人生だと思っていました。

仕事でも人間関係でもストレスは尽きないけれど、頑張るしかない。

守るべき家庭もあるし、もっと生活をグレードアップさせていきたい。

だから、とにかく働こう……。皆さんもきっと、ごく普通に抱く思いですよね。

僕もそんな風に生きて、四〇過ぎまでは、おおむね順調に来ました。


ところがある時から一転、不幸が立て続けに起こったのです。

次に手掛ける事業の資金に、とコツコツ貯めていたお金をビジネスパートナーに持ち逃げされ、さらには妻が子供を連れて出ていき、仕事と家庭を一挙に失いました。

そのショックで、うつ病まで発症。だるくて動けないので新しい仕事にも就けず、薬を飲んでも良くならず、わずかに残った貯金を取り崩す生活になりました。

うつ病は波がある病なので、少し動けたり、頭が働いたりすることもありました。

そんな時は、必死で足掻《あが》きました。

「早く稼がなくちゃ！」「貯金ももうすぐ底を尽く、なんとかしなきゃ！」「とにかくお金だ！」「何かないかな⁉」と、ジタバタするわけです。

そういう時は不思議なことに、同じことを考えている人が寄ってきます。食事に誘われ、重い体を引きずって会いに行くと、お互いの口から出るのは必ず、「なんか、いい話ない？」「すぐ儲かる仕事、ある？」。

そうやって苦し紛れに手を出しては失敗し、さらなる深みにはまっていきました。実は、こういう考え方や発言、空氣感こそが貧乏神さんに好かれる原因だったのですが、当時はそんなことにも、まったく思い至りませんでした。

「お金が欲しい」と思えば思うほど……

「それがなんで貧乏神に好かれるの？　別に悪いことじゃないでしょ」
「お金に困ったら、稼ぎたいと思うのは当然じゃない？」

と、思いますよね。そう、ここが厄介なところなんです。

貧乏神さんは、「お金が欲しい、欲しい」と思っている不安な心にとりついて、ますます貧乏にさせてしまうのです。

「貧乏神、ひどい！　頑張ってる人にとりつくなんて」

と憤慨したくなるところですが……今思えば、僕にも「隙」がありました。

考え方に、決定的に足りない部分があったのです。

「儲け話、ない？」と言っている時、そこには「誰かを幸せにする」「誰かを笑顔にしたい」という発想が、まるっきり欠けていました。

人のことより、まず自分。「まず」というか、自分しか見えていなかったのです。

「いやいや、それも当たり前でしょ」と思いましたか？

まったくです。ピンチになったら自分のことしか考えられなくなるのが、人の悲しき性《さが》です。でもそこが、貧乏神さんにつけ入られる隙です。

自分しか目に入らない＝視野の狭い状態では、当然、視野の外側で起こっていることは見えません。

たとえば、「本当は守られている」「この日々がありがたい」なんて、とても思えないですよね。まして、そのありがたさを「誰かに、何かにお返ししよう」なんていう発想は、逆さに振っても出てこなくなります。

そうなるとますます、ひとりの世界に閉じ込められていきます。

僕も、そうなっていました。自分は独りぼっちだと思っていたし、僕をダマした人を恨んでいたし、世の中全体に対しても恨みがましい氣持ちがありました。「僕も、誰かダマして稼いでやろうかな」なんて魔が差す瞬間もありました（実行はしませんでしたが）。

とにかくみじめで、情けなくて、もうめちゃくちゃでした。

死にたい、消えてしまいたい、とまで思っていました。

そんなどん底から戻ってこられたのは、いったいなぜでしょう。

もう少しだけ、身の上話にお付き合いくださいね。

本当は幸運だ、と氣づいた瞬間

五〇歳を過ぎたころ、僕の様子を見かねた友人が、ある神主さんのところに連れていってくれました。友人いわく、「とにかくすごい」方なのだとか。

たしかにその通りでした。僕からは何も話さないのに、僕の人となりや、考え方をスパンと言い当てられるのです。それればかりか、誰にも話していない過去の経験や、どんな風に行き詰まったかの経緯まで、まるで見てきたかのように話されるのです。

びっくりする僕に、神主さんはさらに驚くことをおっしゃいました。

「あなたには、福の神がついているよ。だから大丈夫」と。

当然、「いやいや、まさか」と思う僕。そこで、「それならどうして今、こんなことになってるんでしょう?」と聞いてみました。

答えは、「あんたは、人々に福を与える役目があるのかのぉ」。

……福って？　役目って？　その時は、よくわかりませんでした。

わからないから、考え続けました。

何カ月も考えて、考えて……ある日、僕は大発見をしました。


自分は今、生きている。一秒一秒、命が続いている。

「これはとんでもなくすごいこと、ものすごい幸運だ——！」と。


呼吸ができていて、体の中には血が流れ、栄養が運ばれている。

その栄養を運ぶ「食べ物」も、（懐具合はカツカツだけど）毎日得られている。雨露しのぐ家もある。僕を心配して、神主さんに会わせてくれた友達もいる。


本当は、僕はすごく恵まれているのではないか？

もしかすると、何かに守られている——？

……そうか、福の神だ。福の神がついているって、こういうことか！

「ああ、ありがとうございます」

という言葉が、思わずこぼれ出ました。

「じゃあ、『福を与える役目』ってなんだろう?」さらに僕は、考え続けました。

世の中には、自分は不幸だと感じている人、災難に遭う人がたくさんいる。

不幸を感じたまま、一生過ごしてしまう人もいる。

では、その人たちのことは、福の神様は見守っていないんだろうか?

いやいや、違う。僕だって相変わらず貧乏で職ナシで体も健康とは言えないけれど、「守られている」「幸運だ」と氣づいたから、今はもう不幸じゃない。

皆も、本当はそうなんだ。福の神様、龍神様は、本当は誰しもについている。

それに氣づくかどうかが、分かれ目だ。

それを伝えていくのが、僕の役目だ……!


そう氣づいた瞬間、僕のところにいた貧乏神さんは消し飛びました。

以来、現在に至るまで、僕に寄り付こうともしません。おかげさまで今日も、降り注ぐようにやってくる「ツキ」を、ありがたくいただいている僕なのです。

人を恨んだり、死んでしまいたいという氣持ちは一切なくなりました（もちろん、ムカッと来ることはありますよ！　そんな時の対処法も後ほどご紹介します）。

貧乏神の「好みのタイプ」になっていませんか？

貧乏神さんがどんな神様か、少し、見えてきましたか？

僕が実感しているのは、貧乏神さんは「好き嫌い」のタイプがとってもハッキリしている、ということです。愛されてしまった時期と、忌み嫌われている今とを両方経験すると、それがよくわかります。

貧乏神さんは、ネガティブなものが大好きです。たとえば、クヨクヨした後ろ向きな氣持ち。**「私って、なんでこんなにダメなの」という自己嫌悪や、「どうせ私なんて」という自己卑下、そんな氣持ちから出る「ため息」も大好物です。**

人に対する悪意や嫉妬も好きです。「アイツばかりうまくいって、ずるい」とか、「あ

の人は○○だからいいよね〜」なんて妬みの氣配を察知すると、喜び勇んで飛んできます。そんな思いを持つ人同士が人の悪口を言い合う場なんて、もう大喜びです。


逆に、ポジティブなものは大の苦手です。

貧乏神が一番嫌いな言葉は「ありがとう」。

ほかに、「大好き」「最高！」など。

「人のために何かしたいな」という、利他の思いも嫌がります。


双方を見比べてみると……何か氣づきましたか？

ネガとポジという違いだけでなく、もう一つ対照的な要素がありますね。

貧乏神さんが好きなのは、「何かを得たい」という、自分に向かうエネルギー。

クヨクヨするのは「得たいけれど得られない」からですし、嫉妬も悪口も「自分が得をしたいのに」という思いから出るものです。


対して、嫌いなのは、外側に向かうエネルギーです。利他心、親切心はまさにそうですし、「ありがとう」という感謝の氣持ちも、誰かや、何かに向かうものですよね。

こういう「外向き」のエネルギーは、最高の「貧乏神除け」になるのです。

貧乏神は賢い人が好きで、おバカが嫌い！

ほかにも、貧乏神さんにはちょっと意外な「好き嫌い」があります。

貧乏神は、賢い人が好きです。いわゆる「頭で考える」タイプの人ですね。

「実行する前に、よく考えてから」と、なかなか行動に移さなかったり、「どうすべきか、何が正しいのか」などと眉間にしわを寄せて悩んだり、「それ、根拠あるの？」などと疑ったりする人が大好きです。

真面目な人や、自分ひとりの力で頑張ろうとする人も好みのタイプ。

真面目さは一見良いことのようですが、自分に優しくないので、いつもどこか苦しいんですよね。その苦しさが、貧乏神さんの「ごはん」になってしまうのです。

逆に、貧乏神は「おバカ」が嫌いです。

「理屈なんてこねてないで、まずやってみよう！」と、あれこれ考えずに動く人には、まず寄り付きません。**ふざけたり、おどけたりして周りを笑わせる人、自分も明るくよく笑う人——関西の言葉でいう「おもろい人」も嫌いです。**笑い・ユーモア・ギャグ・すっとぼけなどの「真面目の敵」は、貧乏神の敵でもあるのです。

「笑う門には福来る」とは、実によく言ったものです。

さらに大、大、大嫌いなのが「好奇心」。

「なんだろう？」「知りたい！」「もっと見てみたい！」という氣持ち——自分の世界を広げていこうとする心を、貧乏神さんは忌み嫌います。知りたいと思ったことを知って、「そうだったのか！」となる瞬間も、かなりゾッとするみたいです。

ああいう瞬間って、「へえ、面白い」というポジティブなエネルギーだけでなく、さらに新たな好奇心が生まれるでしょう？「じゃあ、〇〇の場合はどうなんだろう？」「〇〇についても知りたいな」と連鎖して、止まらなくなる。貧乏神にしてみれば、「始末に負えない」わけです。

さらに貧乏神さんにとって困るのは、好奇心が、新しく知ったことを誰かに「語りたい！」っていう氣持ちも起こさせてしまうこと。

「知る」というインプットだけではなく、誰かに「伝える」というアウトプットがしたくなる。人と思いを共有したくなりますよね。**それはまさに、外側に向かう、人とつながろうとするエネルギー。**貧乏神にとっては「虫唾《むしず》モノ」エネルギーなのです。

人はネガティブに引っ張られやすい

貧乏神の「好き嫌い」の傾向、おわかりいただけましたか？

もしかすると、「そうは言ってもな……」と、思う方もいるかもしれませんね。

「人間、どうしてもネガティブになることってあるよね？」

「そんな時、好奇心なんて持てないよね？」

「まして、人を幸せにしたいなんて思えないよね？」

「というか、そもそも、人より自分が得したいのは当然だよね？」と。

その通りです。それは人間にとって、とても自然な感情です。人間には「生存本能」――生きたいという根源的な欲求があります。死にたくない、安全を保ちたい、誰かに脅かされたくない。いずれも、ごく当たり前の望みです。

そこから、人に勝ちたい、強いほうがいい、お金も権力も欲しい、目立ちたい、という「エゴ」が生まれるのも当たり前。

それが時として「自分だけが得をしたい」「人の成功が妬ましい」というネガティブな方向に向かうのも、まあ、無理もないことではあります。

でも……。

ネガティブな氣持ちって、あまりにもパワフルなんです。

ハッキリ言ってしまいますと、ポジティブさよりも、心に訴えかける力が強い。つまり、引っ張られやすいのです。想像してみただけで、なんとなくわかりませんか。

「ありがとう」「大好き」「みんなのために」などの言葉よりも、「どうせ」「みんな嫌

い」「アイツなんか」……のほうが、なんだかインパクトがあるでしょう?

ネガティブな思いを抱いた人同士は、「類は友を呼ぶ」ということわざ通り、呼び寄せ合う傾向があります。先ほどの僕の身の上話でも、ネガティブ状態に陥っている時には同じ状態の人が寄ってきた、とお話ししましたね。

愚痴の止まらない人、人の悪口ばかり言う人、僕を利用しようとする人。

あのころの僕は、そういう人にばかり心惹かれました。一緒に愚痴や悪口を言いたいし、「この人にくっついていれば得かな」と、相手を利用したい氣持ちもありました。

逆に、ポジティブな人とは距離を置きたくなったし、僕のためを思ってくれる人の言葉は、あまり心に響きませんでした。きっと貧乏神が、「そんな人より、あっちのほうが楽しいよ……」と、僕の袖をグイグイ暗いほうへと引っ張っていたのでしょう。

常日頃から耳元でささやきかけてくる貧乏神さん、困ったものです。

人である限り、自分がかわいい、得したい。でもそういう心に、貧乏神がとりついてくる……。「いったいどうすればいいんだ?」と思いますよね。

この時点で言えるのは、とりあえず「当たり前だ」と認めよう、ということです。「私ってエゴの塊だ、ダメだ」なんて自分を責めてはいけません。自分を悪く思ったって、ますます貧乏神に好かれるだけです。だから当たり前だと認めて、その上で「でも、それだけじゃないよ」と知っておきましょう。今は、これだけでOKです。

この第一歩は、小さいようで大きいですよ。

ネガティブに引っ張られている最中でも、「本当は、別の世界があるんだよ」と頭の隅でわかっていれば、だんだん、だんだん、そちらのほうへと目が開かれていきます。

そのための二歩目、三歩目、四歩目、五歩目……も、ここからどんどんお話ししていきます！

貧乏神を追い払う、一番簡単な方法

「外側に向かうエネルギー」と言いましたが、実はこのエネルギー、外に向かいっぱなしではありません。

ポジティブなエネルギーを自分の外に放つと、巡り巡って、自分のところに再び戻ってくるのです。

たとえば、「ありがとう」と言ったらどうなるでしょう。

誰かに親切にしてもらって「ありがとう」と伝えた時、相手はたいていニッコリ笑いますよね。その笑顔を見ると、ますます幸せになりませんか？

言われる側に立った時のことも、想像してみてください。「ありがとう」と言ってくれる相手の笑顔を見ると、こちらも嬉しくなりますね。

このように、「ありがとう」という言葉のポジティブなパワーは響き合い、巡るもの。人と自分の間でエネルギーが、ダイナミックに「循環」するのです。

好奇心もそうです。未知の世界に関心を持ち、その世界を知ると嬉しいですよね。「何だろう？」と思って、その世界に向かって問いかける。するとその世界が応えてくれて、発見をくれる。ここにも、響き合いと循環があります。

ちなみに循環は、人だけが相手とは限りません。

動物も植物も、非生物との間でも、エネルギーの循環は起こります。

なぜならすべてのものは、非生物も含めて、意識＝波動を持っているからです。

砂浜にも、岩にも、水や空氣にも、意識＝波動は宿っています。


だから、そんな存在すべてに、ぜひ「ありがとう」と言ってみてください。

これ、貧乏神退散のための、一番簡単にして強力な「言霊《ことだま》の護符」です。


落ち込んでいる時や、クサクサしている時でも……いいえ、そんな時こそ、とにかく「ありがとう」と言ってみるのです。

部屋の中がうすら寒くても、素っ裸ではないことに「ありがとう」。

暑さや寒さを防いでくれるエアコンに（利きはイマイチでも）「ありがとう」。

窓の外の青空に、恵みの雨に、木々の緑に「ありがとう」。


その瞬間、貧乏神さんは「急に何!?　居心地、悪っ！」となります。

なぜだかわかりますか？

貧乏神は「停滞」するところに居着くからです。そう、「循環」されたら困るのです。

人の心をネガティブにさせて、しんどくさせて、周囲への好意や好奇心を失わせる

のは、「ひとつの場所」にとどまっていてほしいからです。
ひとりで陰にこもって、自分のことだけ考えていてほしい。何年でも何十年でも、殻に閉じこもっていてほしい。「止まれ～、動くな～、淀め～」と働きかけるのです。

だから、淀んだ時こそ「ありがとう」を言いましょう。

孤独に思えても、いいことなんて見当たらなくても、実感が湧かないままでも大丈夫。言葉の波動＝「言霊」は必ず外界に響いて、エネルギーを巡らせます。

氣持ちと実情はあとからついてくる、と大きく構えて「ありがとう」をぜひ、たくさん発していきましょう！

地球は福の神の星、日本も福の神の国

もうおわかりですね。**貧乏神は、「停滞の神様」**です。

エネルギーを滞《とどこお》らせて、さまざまな運をストップさせます。良い人とのつながりを

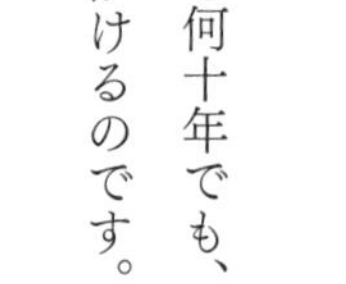

断ったり、お金の巡りを止めたり、体内の循環を滞らせて健康を損なわせたり。

それに対抗するのが「循環」だということも、おわかりいただけたでしょう。


さてこの「循環」に、皆さんは今、どんなイメージを抱いているでしょうか。

重しの下で、必死にかき回す……というイメージだったら、それは間違っています。

貧乏神さんは「ひとり」にとりつく小っちゃい神様だとお話ししましたね。

貧乏神は弱った心、不安な心に「お前は独りぼっちだぞ」というウソ情報を伝えてきます。そのせいでつい、本当のことが見えなくなりがちですが……。

思い出してください。この宇宙全体は「福の神様」に大きく包み込まれています。


福の神である龍神様はこの世界を愛し、幸せを願い、地球や宇宙に宿るすべてのもののエネルギーを交換させる「循環の神様」です。

空氣や水の流れ、人の心の交わり、生物・非生物ひっくるめたすべての営みを、福の神は司っています。今、皆さんが呼吸しているのも、そのおかげです。

このことに氣づいたら、「ありがとう」が出てきます。

それは大きな循環に加わることであり、神様とつながること。地球や宇宙と「調和する」ということでもあります。

大きいですよね！　独りぼっちで足掻く、チマチマしたイメージとは大違い。深呼吸して、想像してみてください。とっても心強くなってきませんか？

ちなみに僕は、地球はたくさんの星の中でも特別に愛されている「福の神の星」で、日本は「福の神の国」だと思っています。

日本には古くから、「八百万の神様」という考え方がありますね。自然界のあらゆるものに神様が宿っている、というこの考え方は、先ほど言った「すべてのものに意識がある」という話とぴったり重なります。

日本人にはもともと、福の神の存在をキャッチしやすい感性があるのです。龍神さんを慕う人が多いのもその証拠です。

「ご先祖様」を大切にする考え方も、日本独特のものです。僕たちの命を生み出した方々もまた神様であり、僕らの福を願う存在です。

考えてみたら当たり前ですね。

子孫に不幸になってほしいご先祖様なんて、まずいません。幸せになってほしい、としか願っていないはず。これも、皆さんが神様に愛されている印です。

ご先祖様は、「自慢できる子孫でいてほしいな」とも思っていらっしゃるでしょう。

お仲間の神様たちと一緒に下界を見ながら、子孫が「誰かを幸せにしよう」「地球をよくしよう」と思いながら生きていたら、「うちの子孫、すごいでしょ」と、誇らしく思われるでしょう。そしてますます応援してくださるでしょう。

今、貧乏神に見せられている世界は「ウソ」であり、皆さんには、龍神さんをはじめとする福の神様やご先祖様などなど、無数の「良い神様」がついています。

そうとわかれば、あとは自分から手を伸ばして、つながればＯＫ！

次章からはいよいよ、その方法を具体的に、ふんだんに語っていきます。

第1章

日常のツキを回すおまじない

一日一回、ボーッとする時間をつくろう

●一瞬でも「自分のこと」を忘れる効果

地球と、全宇宙と調和することが「開運」につながる。そのための一番簡単な方法は、ただ「ありがとう」と言うこと。この基本は、もうおわかりですね。

最初は実感が湧かなくてもいいから言ってみよう、ともお話ししました。

少し慣れてきたら、もう一歩進んだ方法があります。

やり方は、これまた簡単。「ボーッとしながら」ありがとうと言う。これだけです。なんなら「ボーッとするだけ」でも構いません。

できれば、空の見えるところがあれば素晴らしいです。庭先でもいいし、ベランダに出てもいいし、窓を開けて外を見るだけでもＯＫです。

頬に触れる空氣の流れを感じながら、ゆっくり、深く呼吸しましょう。

そして、空を見上げてボーッとしましょう。

あとはただ、空の青さに吸い込まれるのみ。

青いな、キレイだな、広いな……と感じているだけで「ありがとう」の循環に取り込まれますから、「言おう、言おう」なんて頑張らなくても大丈夫。

何も考えないで、しばしボンヤリしましょう。

雨の日だったらどうするかって？　そんな時は目を閉じて「空を想う」だけの簡易版にしましょう。要は、ボーッとできればいいのです。

一日一回、この数分間を過ごすだけで、信じられないほどツキが流れ込みます。

「○○が欲しい」なんて思わなくても、あなたが今必要としているものが、自動的に流れ込んできます。

一つ注意点があるとしたら、「○○が欲しい」と思ったままでボーッとしないこと。

今の状況とか、困っていることとか、この後の予定とか、そういう「自分のこと」をいったん、すべて忘れてボーッとするのがコツです。

そうすることで勝手に地球や宇宙と調和して、ツキのサイクルに入れます。

「エゴ」をひととき、捨て去れるからです。

「自分だけがかわいい」「自分だけが興味の対象」というひとりの世界から抜け出して、すべてがつながり合って思い合う、福の神の世界にアクセスできるのです。

●「プチ解脱」のすすめ

「宇宙と調和する」なんて言うと、何やらスゴいことのように思えるかもしれません。いわゆる「無我の境地」とか、仏教でいう「解脱」とか。よっぽど徳の高い高僧でないとたどり着けない領域のような感じがしますよね。

でも本当は、誰でも行けます。「才能がないと行けない」「○年間修行しなきゃダメ」、というのは……ここだけの話、ウソです(笑)。

確かに、一般の僕たちに自我を完全に捨て去るのは難しいです。人はエゴの生き物ですから、解脱なんて、そう簡単にはできません。

でもボーッとするだけならできる。そして、その数分間——そのうちの数秒間だけでも、エゴから解放される時間を得られます。いわば、「プチ解脱」ができるのです。

調和した状態とは、「ニュートラル」な状態とも言い換えられます。

ニュートラル、訳すと「中庸」。

少し難しいですが、ちょっとだけお付き合いください。この世界は、「陰と陽」を併せ持っています。この双方があるから、エネルギーの巡りが起こるのです。

人間のメンタルにも同じく、バイオリズムがあります。心や体が自然につくりだす波を行き来することも、宇宙との同調です。

その波には「適性な位置」があります。極端に興奮していたり、極端に落ち込んだりしている時は、宇宙と同調できません。

なぜならこのどちらも、意識が自分に向いているからです。そこからフッと離れて、宇宙や地球のエネルギーと、もっとも似通った状態になることが「ニュートラル」になる、ということなんです。

● 貧乏神が来ない領域に、自然とシフトできる

ですから、「ニュートラルになるぞ」なんて目指さないこと。

そんな風に頑張るのは、自分にとらわれることなので、逆効果です。

ただ「こういう世界があるんだよ」ということだけ覚えておいて、ボーッとする時間を習慣にして、あとは、大きな力に任せましょう。

それだけで、波の「全体」が、より高次に引き上げられていきます。

ある一定ラインより下が、貧乏神ゾーン。波が上に来ている時でもそのラインを越えないとなると、かなり貧乏神さんに好かれてしまっています。

ラインの上に行ったり、下に行ったりしているなら、まあ「普通」。福の神ゾーンと貧乏神ゾーンを行き来している状態ですね。

同調が「当たり前」になると、バイオリズムが下がっている時でさえ、ラインを下回ることがなくなります。福の神ゾーンだけに生きられる、理想的な状態です。

そのためには、あえて「それを目指さない」こと、あくせくしないことが大事。自

普通の人の状態（貧乏神ゾーンと福の神ゾーンを行き来）

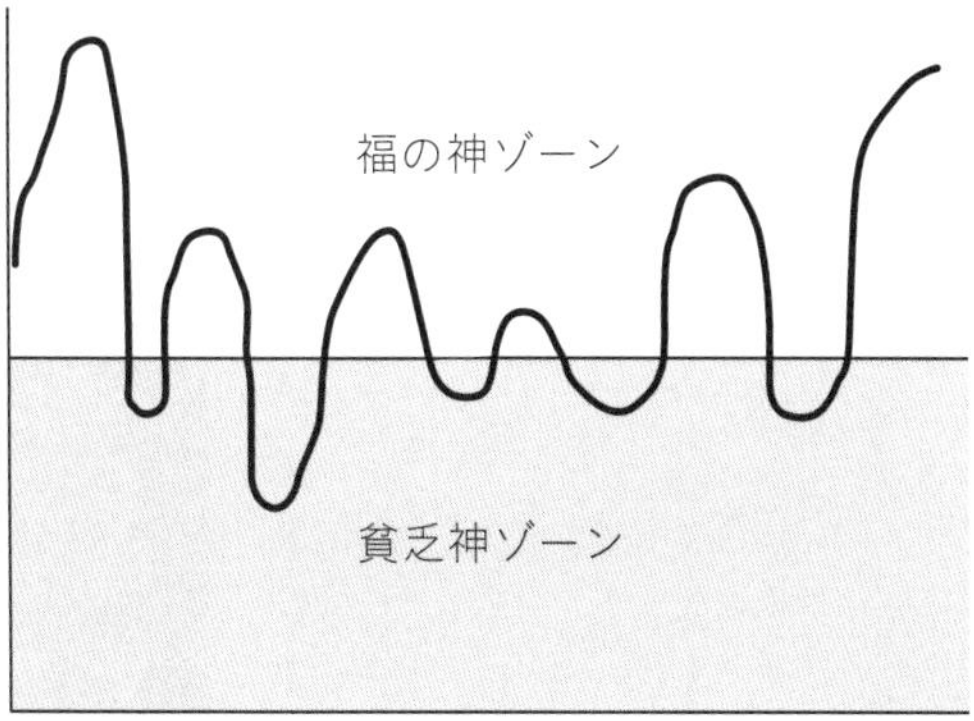

貧乏神ゾーンと福の神ゾーン

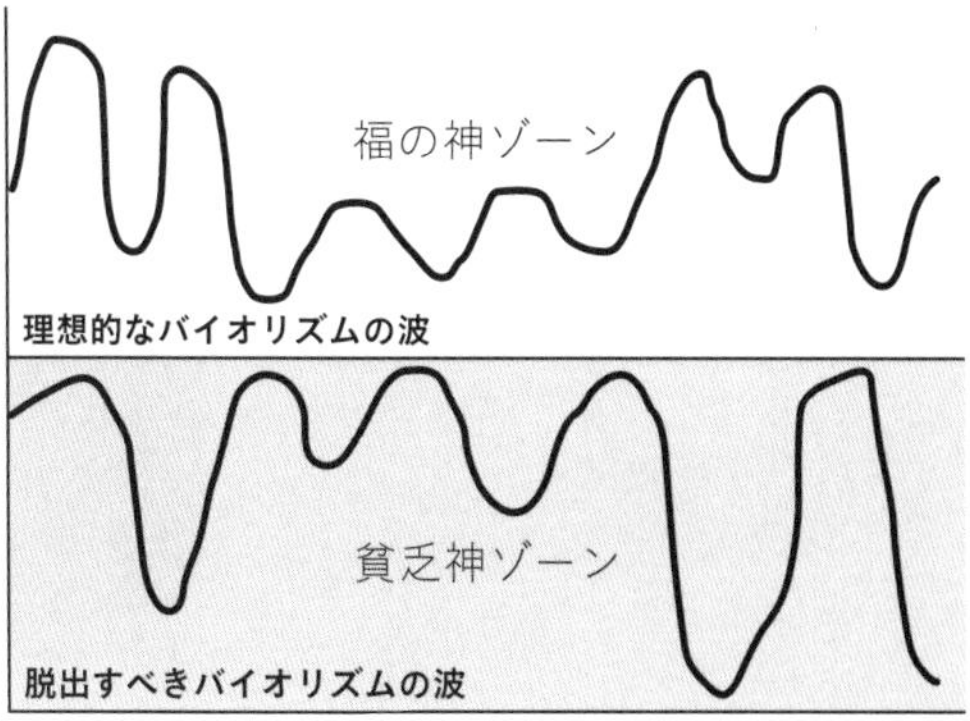

然に「福の神ゾーン」にシフトしていく未来を、楽しみに待ちましょう。

水を飲む時はありがとう、お菓子を食べる時は一口あげる

● 水を飲む時にイメージするといいこと

水を飲まない人って、いませんよね。飲まなかったら死んでしまいます。僕たちの体の六割は水でできていて、水を巡らせていくことが欠かせないのです。

そして地球も、七割を水で覆われています。「海」に包まれた、水の星です。水は、地球全体を巡るものでもあります。

海から蒸発した水は上空で雲をつくり、雨や雪となります。陸に降り注いだ水は、人間や動物や木々を潤しながら、川となって、また海に還る……。

水は龍神様の好きなものであり、福の神がつくりだす大きな循環を、目に見える形で僕たちに示してくれます。

そんな水に、感謝をしたことがありますか？　もししていなかったら、ぜひ始めましょう。朝一番に「ありがとう」とともに水を飲む、という習慣を。飲む前にこのひとことを言って、体の中に水を送り込みましょう。すると、体の中から福の神とつながれます。水の巡りが、あなたの体と心を、全宇宙へと、瞬時につなげてくれます。

せっかく全宇宙とつながる機会ですから、ここで「全宇宙の幸せ」も願ってしまいましょう。「世界まるごと、皆が幸せになりますように」と。

「せっかくつながるのだったら、自分の神頼みをしたい」ですか？　できればそれは、「ついでに、少しだけ」のほうがいいです。「今日、素敵なことと出会えたらいいな」とひとこと添えるくらいにしておきましょう。なぜなら、自分ひとりの幸せをチマチマ願うより、世界全体が幸せになるほうが、神様の思いに近いからです。

「自分だけ幸せになるぞ」より、皆ひっくるめて幸せな星になり、その流れに自分も加わっていけたらいいな、と思うのが、実はより自然な形なのです。

水を飲むたびに、世界まるごとの幸せをイメージして、大きな福の循環とシンクロ

しましょう。

●お菓子は「小さな神様」に一口さしあげる

神様はすべてのものに宿っている、と序章でお話ししましたね。

宇宙全体を覆うと同時に、小さな小さな……物質の「原子」の一つひとつにも、神様は宿っていらっしゃると僕は考えています。

今、あなたがいる部屋の中にも、色々な姿で存在しています。

たとえば龍の姿をした龍神様や、かわいい童《わらし》の姿をした座敷童様。目には見えないけれど、あなたのそばにいらして、守ってくださっています。


そんな神様に、お礼の氣持ちを伝えてみましょう。「本当にいらっしゃるの……?」と思った方も、伝えてみて変化があるか感じてみてください。

そこでおすすめなのが、おやつタイムの小さな習慣。

お菓子を食べる時、神様のぶんをちょこっと分けて別のお皿にのせ、「どうぞ」と差し上げましょう。ジュースや、お茶でもいいですよ。

そうすると、とても喜んでくださいます。

神様って、ご自分がそこにいることをめったに氣づいてもらえないし、まして、お礼も言ってもらえないでしょう？　だから、そんなふうにあなたの氣持ちを、氣遣いをお伝えすると、とても嬉しいんです。

「氣持ち」は一瞬で届くので、いったん差し上げたら、取り分けたお菓子も食べてしまって構いません。

普段の食事や、みんなで飲むお酒も、口に入れる前に心の中で「どうぞ」と一口分、差し上げる氣持ちを持つのがおすすめです。

これで、運氣がグンとアップします。

一口に託したあなたの氣持ちが、神様の「栄養」になり、お元氣になられるからです。パワーアップした神様は、あなたをもっともっと幸せにしてあげよう！　と思ってくださいます。素敵な神様、あなたの守り神様が元氣になったら、貧乏神さんはそこにいづらいですよね。「別の人のところに行こう！」と、逃げ出します。

うまくいかない時は、ちょっと遠くへ行ってみよう

●移動することで運氣も回る

貧乏神は、ネガティブな氣持ちを栄養にして元氣になり、さらにネガティブにさせていく、困った神様です。とりつかれている最中のお祓《はら》いは、やはり「ありがとう」が一番。でも、ほかにも対策を持っておきたいですよね。

もっとも即効性があるのは、場所を変えることです。

貧乏神は、一つの場所にとどまる「淀み」が大好きですから、それを振り払うには、物理的に移動してしまえばいいのです。外の空氣に触れたり、歩いたり、乗り物に乗ったり、目に入る風景を変えたり。

この時、「そんなことして、どうなるの?」などといった「賢い自分」のささやき

に耳を貸してはいけません。

貧乏神にとりつかれている時は、たいていの場合、現実のトラブルや問題を抱えているはずです。するとつい、「移動したからって、その問題が解決するわけじゃなし」といった理屈にとらわれがち。

でもそういう「正論」を無視したイレギュラーな行動こそが、貧乏神を振り払うパワーになるのです。


どこに行くかは自由ですが、せっかく出かけるなら、「自然」に触れられる場所がおすすめです。海、山、森林など。

自然を前にすると、心が洗われますね。なぜなら自然の中には、人間の五感では感じられないエネルギーがあふれているからです。

僕らはそこに身を置いて、五感に届くものを受け取りながら、さらにそれを超えた「何か」が響いてくるのを感じとります。

雄大な海、潮騒の音、水平線。

山頂から見はるかす眺望、山々の稜線、吹き渡る風。

森の木々や湿った土の匂い、清新な空氣、上空で鳴きかわす鳥の声。
そして、それらをつくりだしている、大いなる何かの存在――。

雑事にまみれた日常とはまったく異なる世界が、そこにあります。

この別世界に触れると、小さい自分だけの世界でグルグルと思考していたことがバカらしくなってくるはず。自分も、この大きな自然に連なって、生かされている――

ということを、きっと思い出せます。

「大きな何か」に包まれて感謝する感情は、貧乏神さんの苦手なものです。

● 面倒くさい日は「窓を開ける」だけでＯＫ

「自然と言っても、そんなに遠くに行くのは面倒くさいな」と思っていませんか？
その面倒な氣持ちも、貧乏神の仕業です。何かしよう、という氣持ちを萎《な》えさせる
「面倒くさいイリュージョン」を見せられているのです。

そんな時は「お手軽バージョン」で、近所を散歩しましょう。

公園の緑や、高台からの見晴らしでリフレッシュ。それも面倒なら、ベランダに出て風を感じましょう。それさえも面倒なら、窓を開けましょう。**何でもいいから、今の環境を変える。小さくてもいいから、とにかく動かす。これが大事です。**

「小さく動かす」と言えば……。

実行に移せていないけれど、やりたいことってありませんか？

やりたいけれど、我慢していることはありませんか？

たとえば、「ずーっと、猫を飼いたいと思っているけれど、ウチはペット不可だし（ため息）」と思っている場合。その我慢とため息、貧乏神の「ごはん」になっています。

我慢するだけではなくて、どうしたら飼えるか、考えてみませんか？

ペット可の家に引っ越す、とか。

「いやいや、そんな大がかりな！」と思っちゃいますよね。「面倒くさいイリュージョン」を見せられているから、無理もないです。

だったら、調べるだけでOK。「〇〇区　ペット可」と、検索してみましょう。

検索結果がどうであってもいいんです。

貧乏神に「え、何？　ヤダ！」と思わせることができるからです。

「我慢」というごはんをヒョイッと取り上げる、ちょっとした嫌がらせです。

この嫌がらせをちょいちょいしていると、やがて貧乏神さんは、こう思います。

「この人間、あまり思い通りになってくれないな」「棲《す》み心地良くないな」と。

そう、貧乏神にお引っ越しいただけるかもしれないのです。

そうして貧乏神が去っていくと――「面倒くさいイリュージョン」が止まります。

今度はあなたが、猫を飼える家にお引っ越しできるかもしれませんよ。

目の前のものを「よーく見る」だけで貧乏神を撃退！

● 貧乏神は好奇心が大嫌い

貧乏神さんは好奇心が「大、大、大嫌い」だとお話ししましたね。

逆に、福の神様は、人の好奇心をとても喜ばれます。

何でも、好奇心の持ちようは「あの世での成績表」にも反映されるみたいですよ。

この世での生を終えたあと、人は「どれだけ新しい経験をしたか」を判定されるのだそうです。それは言い換えると、「どれくらい、好奇心を持って行動しましたか？」という問いであり、ひいては「どれくらい神様を喜ばせましたか？」ということです。

新しい体験をする時に感じるワクワク感は、実は、ひとりで感じているものではありません。同時に、龍神様やご先祖様をも、ハッピーにしているんです。

ですからぜひ、好奇心のままに行動しましょう。

……と言ったものの、やはり貧乏神が邪魔をしてくるんですね。

好奇心なんて持たれたら大変だから、「何をしても、どうせつまんない」というイリュージョンを常時放映してくるのです。

これを見せられると何にも興味を引かれなくなって、ゴロゴロ、ダラダラ過ごしたくなってしまいます。

でも、ダマされてはいけません。興味や好奇心は「ない」のではなく、隠されているだけです。本当は「ある」んです。だから「好奇心を持たなくちゃ」と頑張ったり、「動けない私ってダメだなあ」と自分を責めたりする必要はまったくありません。

「つまんないイリュージョン」を振り払う方法は、意外と簡単です。

今、目の前にあるものを「よーく見る」だけでいいんです。

たとえば、目の前にスナック菓子があるとします。それはあなたが選んだもの＝「好き」であり、「本当は興味がある」ものです。そのパッケージを手に取ってみましょう。

きっと、メーカーの名前が書いてあるはず。この会社のおかげで、あなたは今それを食べられています。ありがたいですね。ほかにも、このお菓子をつくった人たちがいます。裏側には、きっと製造された工場名や所在地が載っているでしょう。「○○県○○市○○」など、遠い街の名前が記されているかもしれません。

私の知らない街、知らない建物。この袋は、そこの空氣に触れていたんだ。どんな街、どんな工場だろう。どんな人が機械を操作して、どんなトラックに載せられて、どんなルートで運ばれてきたんだろう。

……なんて想像すると、それはもはや数秒間の「旅」です。

貧乏神さんプレゼンツの「つまんないイリュージョン」はそのひととき、振り払われます。すると——このスナック菓子のメーカーや、工場のある街についてもうちょっと知りたい……という氣持ち、芽生えてきませんか？

ほら、好奇心、ちゃんと「ある」とわかったでしょう？

●貧乏神は「狭い世界」が好き

好奇心の中でも、「知的」好奇心はとりわけ貧乏神が嫌うものです。「好きだな、興味があるな」だけでも十分嫌いなのですが、「なんでこうなったのかな」「いつからあるのかな」「ほかにもこれに似たものはあるかな」という風に、背景やしくみ、歴史にまで興味を持たれると、本当にゾッとするようです。

なぜなら、それを知ると、その人の世界がグンと広がるからです。

今挙げた、スナック菓子の話もそうです。そのメーカーが、いつ、どんなきっかけでこのお菓子をつくったのか。競合他社との間に、どんな違いをつくろうとしたのか。そのために、どんな製法を編み出したのか……。

メーカーのホームページを見るとたいてい、面白い話がふんだんに紹介されています。その知識がまるごと、新しい体験になります。

ちなみに知的好奇心って、年齢を重ねるほど強まるものなんですよ。

通常、好奇心は「子供ほど強いもの」だと思われがちですよね。

たしかに子供は、あらゆるものに対して「これ何？　あれ何？」とすぐに興味を示します。だけどその一方で、すぐに飽きたり、目移りしたり、「へえ、面白い」だけで終わったりすることもしばしばです。

大人になると、目に映るものすべてに興味が向いたりはしませんが、「落ち着き」が出てくるぶん、「深く知ろう」「系統だった知識を得よう」という氣持ちが出てきます。

「へえ、面白い」の先にも、好奇心が連鎖していくんですね。

その意味では、大人の好奇心のほうが、貧乏神にとっては「分が悪い」のです。

● 面白かったことは「人に話そう」

好奇心には、いろんなワクワクがあります。「知りたい」と思うこと自体もワクワクですし、「知った瞬間」も心躍るものです。

そしてもう一つ、知ったことを「誰かに言いたい」という、アウトプットのワクワクがあります。自分が「へえ、そうなんだ！」と思ったら、次は誰かにその話をして、「へえ、そうなんだ！」って言ってもらいたくなりますよね。

そういう時は、遠慮は無用。ぜひ、お友達にその話をしましょう。

興味の方向性が同じ人なら、一緒にワクワクを感じてくれます。二人のポジティブな波動が共振して、いよいよ貧乏神は仲間外れに……居場所を失います。


はたまた、アウトプット前提で始まる好奇心もあります。

「これについて調べたら、あの人に役立つ情報が出てくるかも？」という、いわば「人助け好奇心」です。

自分のためならしないことでも、人のためなら意外にできてしまうことってありませんか？　たとえば、自分の健康診断の結果は毎回ろくに見もしなくても、大事な友達が「こないだ、脂肪肝って言われちゃって……」と悩んでいたら、どうでしょう。「脂肪肝」について調べて、良い対策があったら教えてあげたい、という氣持ちになりませんか？

こんな風に、ワクワクを共有したり、誰かの役に立ったりと、「人」に思いが向かう時の好奇心は、「厄除け力」が最大値になります。

世界が広がる＆人とつながるという、コンボの攻撃で貧乏神を撃退しましょう！

「ネガティブのモト」を遮断しよう

●落ち込むニュースは見ないでよし

実は僕、長年の阪神ファンです。ところが、二〇二三年に阪神が日本一になったことを、ついこの間まで知りませんでした。

以前の僕からすると、考えられないほどの変化です。昔はテレビにかぶりつきで試合を見ましたし、阪神が勝った日には深夜まで、スポーツニュースをハシゴしました。

でも今は、テレビを見ること自体がなくなりました。そもそも家に、テレビを置いていないのです。

なぜかって？　**テレビから流れてくる情報は、貧乏神の大好きな「ネガティブのモト」がいっぱいだからです。**

ハッピーな内容のものが皆無なわけではないですが、ごくごく一部です。

九割以上は、ひどい話ばかり。ニュース番組では悲惨な戦争や、むごたらしい事件や、権力者の醜いふるまいが絶えず報道されます。悲しい氣持ちになります。バラエティや情報番組も、いつも誰かをバカにしたり攻撃したり、ゴシップをネタにして騒ぎ立てたりしているだけです。

「それを言うなら、ネットだって同じじゃないの」と思いましたか？

つい何ページか前に「ネットで検索してみよう」と言ったばかりなのに、なんでネットはOKでテレビはダメなんだ、と納得がいかないかもしれませんね。

その理由はハッキリしています。**もちろん「選び方」は重要ですが、ネットは、自分の知りたいことを検索し、知りたくないことは見ないという選択ができますね。**対してテレビは、一方的に流れてくるものを受け取らなくてはいけません。

ずっと見ていたら、たまに役立つ情報が得られることも、あるかもしれません。でも、そんな偶然を待ちながらネガティブな情報を浴び続ける必要はないですよね。

「でも、そのせいで阪神優勝、見逃しちゃったんでしょう？」という声も聞こえてきそうですが、いいんです。テレビをなくした今の僕は、もっと新しい世界、大好きな

世界を持っているからです。

皆さんに向かって発信する動画をつくったり、神社に行って神様に「ありがとう」を言ったり、仲間と夢を語り合ったりする時間が、幸せでたまらないのです。

そして、昔よりもずっと、必要な時に、必要な情報が得られています。**ネガティブなノイズを遮断して、幸せに、好奇心に満ちて日々を過ごしていると、龍神様が、「次はこれを教えてあげよう」と、新しい世界に導いてくれるのです。**同じ周波数で生きている新しい仲間とも、不思議なご縁で出会わせてくれます。

それは、神様がダイレクトに投げかけてくれる情報です。テレビ局の人や新聞社の人など、何人もの手を経た二次情報よりも信頼できて、フレッシュで、幸せにつながる情報なのです。

● ホラー系のコンテンツは厳禁

皆さんも、テレビを捨てろとまでは言いませんが、できるだけ、見る時間を減らすのがおすすめです。「ドラマだったら、見てもいいのでは？」と思った方、ハッピーなものならOKです。殺伐としたものは避けましょう。

テレビに限らず、動画コンテンツや映画にも言えることですが、恐怖心や暴力性など、ネガティブな心に訴えかけるものは、たとえフィクションでも、見ないほうがいいです。ホラー映画などは、その最たるものです。

グロテスク系、スプラッタ系、バイオレンス系も同じく「超NG」。

普通の人が見たら、みるみる周波数が落ちて、貧乏神ゾーンに落ちてしまいます。

改めて、「周波数」について説明しておきましょう。

これは、万物が放つさまざまな波動のことです。

この世界のすべてのものは、生物も非生物も、もちろん神様も、みな波動を放っていて、それぞれが違ったリズム＝周波数を持っています。

福の神から放たれる波動は、もっとも高次の、素晴らしい周波数。

貧乏神の波動は、貧乏くさくてしみったれた周波数。

さらにその下には、命を脅かしたりするような、邪悪な周波数もあります。

高次元から低次元まで、ありとあらゆる波動が世界を飛び交っています。

一方、僕たちにも自分の周波数があります。

自分の周波数は、意識をどこに向けるかで変わります。ポジティブに向けると高次元に、ネガティブに向けると低次元に。

ネガティブなコンテンツに触れると、その間、意識がネガティブに向かいますね。

その結果、貧乏神の周波数と一致しやすくなる、というわけです。

お金を払ってホラー映画を観に行って、貧乏神さんにとりつかれて帰ってくる……なんて、泣くに泣けないですよね。

● ネガティブな言葉は「言い換える」

自分の口からネガティブな言葉を発するのも、周波数を下げるモトです。

だけど困ったことに、ネガティブな言葉って、ものすごくバリエーションが豊富なんですよね。

自分を否定する言葉なら、「ダメだ」「できない」「無理」「どうせ私なんか」など。

人に対する言葉も、「嫌い」「ムカつく」「最低」「うざい」など色々です。
ほかにも、自分や人を攻撃する言葉は山ほどありますが、いちいち挙げるのはやめましょう。読んだ皆さんの周波数が下がっちゃいますから。

皆さんも、人に対してはもちろん、自分に対しても、ネガティブなことを言わないようにしましょう。たとえ思っても、口にしないこと。

さらに良いのは、口に出そうになったら即座に、逆の言葉に置き換えることです。

「ダメだ」→「大丈夫！」
「できない」「無理」→「できる！」
「どうせ私なんか」→「きっと私なら」

という風に。本書の巻末にもたくさん紹介していますので、参考にしてください。

なお、やりたいことを我慢している時に出がちな「いつかやる」を、「今やる！」に言い換えるのもおすすめです。

声に出してみると、心のハードルが一氣に下がります。その勢いで本当に実行でき

たら最高ですが、少なくとも、実行までの時間は大幅に縮まるでしょう。

考えない！　信じる！　直感で選ぶ！

●「ピンときた」は神様からのメッセージ

毎日の生活って、判断の連続ですよね。

今する？　あとでする？　何を食べる？　どっちの服を選ぶ？

そのつど、直感でパッと決められる人と、「うーん」と考え込む人がいます。

「ツキ」の観点で言うと、断然、直感で決められるほうがいいです。

直感とはすなわち、「神様からのメッセージ」だからです。

「そっちを選ぶといいよ！」って、ダイレクトに伝えてくれているのです。

「でも私、直感なんてないし」

「きっと、メッセージが聞こえないタイプなんだ」

と思うのは大間違いです。

直感のない人など、この世にいません。直感が働いているように思えないなら、それは自分ひとりの頭で考えようとしすぎて、能力を埋もれさせているだけです。

これはウソでも、氣休めでもありません。

赤ちゃんのころを思い出してみてください。……と言っても覚えていないでしょうから、そのころの自分を想像してみてください。

誰かに抱っこされて「なんかヤダ」と思った時、「でも、本当はいい人かもしれないし」「泣いたりしたら失礼だし」なんて考えたでしょうか？

そんなことはないですね。即座にギャーッと泣いていたはず。

そのころのあなたは、「好き」「嫌い」を直感的に判断できていたわけです。

その能力を再び掘り起こすべく、トレーニングをしましょう。

方法は、日々の判断の場面で、毎回「考えないで選ぶ」のが一番です。

「それだけ？」と思われるでしょうが、それだけです。

「それで間違ったらどうするの」なんてことさえ、考えないで選びましょう。

大事なのは、信じることです。

自分には直感がある、自分の判断は正しい、と頭から決めてかかるくらいの勢いで、パッと決めるのがコツです。


人の意見も、氣にしないこと。


たとえばレストランで「一番人氣」と記載されているメニューがあっても、「いや、こっちが食べたい」と思うならそちらを選びましょう。

服を試着して、店員さんが「お似合いです」と言っても、イマイチだと思うならやめておきましょう。逆に、店員さんの表情から、「微妙……」という内心が伝わってきたとしても、「これが欲しい」と思うなら、買いましょう。

それは、あなた自身の軸を大切にするということです。人からどう見えようと、自分の「欲しい」や「イマイチ」は、あなた自身の中では絶対的に正しいのです。

「私は、自分の軸に従う！」という基本姿勢を、まず身に付けること。すると本当に、

だんだんと「ピンとくる」ようになってきます。

●「時間のない時間」を過ごしてみる

「選ぶ場面」以外でも、直感を鍛える方法があります。

それについて話す前に……。よく、「考えるな、感じろ」とか、「体の声を聞け」といったフレーズを耳にしますよね。これまで「私には直感がない」と思ってきた方は、「そんなこと言われてもな～」と、思ってきたかもしれません。「そもそも、考えるのと感じるのって、どう違うの?」とも。

まずはその疑問にお答えしましょう。

両者の関係は、氷山のようなものです。

「氷山の一角」と言われるように、海面上に出ているのは、全体のなかのほんの一部。海中には、はるかに巨大な氷塊が隠れています。

上が「考える」、下が「感じる」部分です。論理的に思考する働きよりも、理屈抜きの感覚のほうが、その人の大部分を占めているのです。

神様がメッセージをキャッチできるのも、「感じる」部分です。なぜなら理性的な「考える」部分は、その人個人の脳の働きだからです。

これを前提とした、「鍛える方法」はというと……神様とつながりやすくなるには、53ページでお話しした「ニュートラル」の状態に近づくことが欠かせません。

それには、何をすればいい、と言いましたっけ？　そう、「ボーッとする」でしたね。

これは直感力のトレーニング法としても大いに役立ちます。


もう一つおすすめなのが、「時間のない時間」を過ごすことです。

子供のころ、夢中になって何かをしていたら、「え？　いつのまにか夜になってる！」と驚いたことがあったでしょう。**数時間が吹っ飛ぶような「夢中」のなかにいる時も、人はニュートラルになっています。**

あなたの好きなこと、無心になれることをやってみましょう。

久しぶりにピアノを弾く、刺繍《ししゅう》をする、好きな本を読む、なんでも構いません。

その時間を過ごせば過ごすだけ、「つながる体質づくり」ができます。

●失敗しても、笑っちゃえばＯＫ！

僕はだいたい、すべての判断を直感的に行っています。

最近、横浜から神戸に引っ越したのですが、それを決めたのも直感です。

初めての街にもかかわらず、住む家も「ここだ！」とピンときました。

駅から何分、間取り、価格、だいたいこんな感じの家で、とイメージしていたら、その通りの家が現れた、という感じです。なぜそんなことができたのかというと……。

僕は何かをしたいと思う時、すでに実現したかのような形で、神様にお礼を言います。そのときも、その家にもう住んでいるかのようなイメージを描きました。

そうして、そのイメージのまま「ありがとうございます」とお伝えしました。

結果、今の生活、最高に快適です！　皆さんもぜひ、やってみてください。

なお最後に、「直感で選んだら、外しちゃった」時について。

選んだメニューがイマイチな味だったとか、いいと思って買った服が、家で改めて着てみたらやっぱり変だったとか、「今日は散歩したい氣分だ」と思って出かけてみたら大雨になっちゃったとか。トレーニングの途上では……いや、かなり達人になっても、そういうことは起きるものです。

　でも、それを恐れて直感に従うのをやめるのではなく、その「予想外」を楽しんでください！　「あれ？」「ウソ」「あちゃー」とか言って、笑っちゃいましょう。

　だって、予期した通りのことしか起こらない人生よりも、たまにそんなことがあったほうが、面白いでしょう？

　このリアクションに、貧乏神はとってもガッカリします。「失敗したぞ、落ち込め落ち込め〜」とワクワクしていたのに、これまた「予想外」に、アハハと笑い飛ばされたのですから。要は、当たっても外しても、ハッピーでいればいいのです。

　直感トレーニングは小難しい修行ではなく、ゲームのように——それこそ感覚的に、楽しむものなのです。

小さなことでＯＫ！
人助けが最強の厄除け

● 自分を好きになれる「小さな親切」

「私なんか」って思わないで、と、ここまで何度かお話ししてきました。

日本人の「謙譲の美徳」は素晴らしいけれど、時おりそれが過剰になって、「卑下」のレベルまで自分を低く見る人がいるのは悲しいことです。

これは貧乏神の見せる、「私なんかイリュージョン」。

どうしてもその妄想が止まらない時は、どうすればいいでしょうか？


一番有効なのは、人を助けることです。人に親切にすると、自己評価が上がります。

「そんなの自己満足じゃん」とか「偽善じゃん」とかささやいてくる、頭の中の小賢しい声は、思いっきり無視してくださいね。それ、貧乏神がささやいています。

だって、人に役立つことをして、何が悪いのでしょう？

相手も嬉しい、自分も嬉しい。最高ですよね？


ごくごく小さなことでいいんです。

後ろから来る人のためにドアを押さえてあげるとか。

狭い道ですれ違う時に、ちょっとだけよけてあげるとか。

ご近所さんや、職場の同僚に笑顔で挨拶するのも、「親切」に入ります。朝一番に、晴れやかな声と笑顔のエネルギーを受け取ったら、相手は元氣になれますから。

もっと大きな親切がしたい時は、ぜひそうしましょう。

道を教えてあげたり、ご高齢の方の荷物を持って階段を上ってあげたり。


相手が「人」でなくても、できることはたくさんあります。

たとえば洗剤を選ぶ時、海をできる限り汚さないようなものにする、など。

こういう一工夫をする時、つい「私ひとりがこんなことしたって、効果はほとんどないよね」と思うのは間違いです。

「地球のため」「宇宙のため」という、大きなもののためにできることを考えるのは、

福の神の思いに同調することです。その瞬間、思っているよりもはるかに大きな力が、あなたの中に入ってきています。

地球規模で行う親切には、もう一つ方法があります。

海外旅行に行った時に、現地の人が喜ぶことをするのです。

たとえば店員さんやホテルの従業員の方々に渡す「チップ」は、とても簡単にできる親切ですね。現地のガイドさんの話を熱心に聞き、ときにその国の文化や風習について質問したりするのもおすすめです。自分の国に興味を持ってもらえることは、誰にとっても非常に嬉しいものです。

こうやって、日本から遠く、遠く離れた場所に、あなたの親切を届けましょう。

行為そのものは小さくても、それは長い弧を描く、大きなエネルギーになります。

● 親切と自己犠牲を混同しないコツ

親切にする時、氣を付けないといけないのは、「自己犠牲」にならないようにすることです。

同僚がやるべき仕事を肩代わりして自分が無理を押して残業してあげたり、誰かのミスをかぶって代わりに怒られてあげたり、恋人やパートナーのワガママな要求にどこまでも従ったり……そんなことをイヤイヤやっても、貧乏神が喜ぶだけです。

自己犠牲は、「やりたくないことをやる」ということ。
貧乏神さんの好物である「我慢」をしているのです。

親切なのか自己犠牲なのか、自分でやっていて見分けられない時は、「今、我慢してる？」と自分に問いましょう。それでもわからなかったら、「やっていて、嬉しい？」と自問しましょう。

親切にした時の嬉しさって、自己犠牲の時とはまるで違うんですよ。

「ありがとう」をもらった瞬間、相手の幸せがこちらにも響いてきて、最高な氣持ちになります。

対して自己犠牲の時は、「これで、私を嫌いにならないでいてくれる？」という、ビクビクした氣持ちにしかなりません。

つまり自己犠牲をする人は、実は自分のことしか氣にしていないんですね。自分の身を削ることで、人からの評価や好意を「買おう」としているわけです。

しかも困ったことに、それはクセになりがちです。買っても買っても安心できなくて、止まらなくなります。「嬉しい」とは程遠いでしょう?

●自分を「バンビ」だと思ってみる

自己犠牲がクセになって止まらない時は、どうすればいいでしょうか。

少しずつでいいから、「人を頼る」ことを始めてみましょう。さっきと逆で、人に親切にしてもらうことを体験するのです。

これまた、小さなことで構いません。「ごめん、一瞬荷物持って!」とか、「これの使い方、わかる? 教えて」とか。

そうして親切にしてもらったら、心からの「ありがとう」を送りましょう。これまたさっきと逆バージョンで、こちらの「ありがとう」が相手を幸せにします。

店員さんに「この本、探してるんですが」「この服の色違い、ありますか」と聞いてみるのもいいですよ。自己評価の低い人は、そんなことさえ「申し訳ない」と思いがちなので、ちょうど良いトレーニングになります。

一方、あまりに「私なんかイリュージョン」が強いと、人に頼るなんて怖すぎて「そんなトレーニング、絶対無理！」というところまで行ってしまいます。

すると誰にも助けを求められないから、ひとりで頑張って色々なことを抱え込み、やがて疲れ果ててしまいます。

自分は重症レベルだと自覚したら、「奥の手」を実践しましょう。

自分を「バンビ」だと思うのです。

何を言い出すんだ、と思ったでしょうか。これには、訳があります。

鹿って、猛獣を見たら一目散に逃げるでしょう？

それを、悪いことだと思いますか？ そんなことないですよね。命を守るための、当たり前の行動ですよね。

ひとりで頑張るのは、「猛獣から逃げるのは悪いこと」だと思っているようなもの。
それは自然界に生きる生物として、とても不自然なことです。

「逃げちゃダメ」「私さえ我慢すれば」なんて、動物は思いません。

人間だけが、自然に逆らって無理をするという、謎の習性を持っています。

だから、いったん人であることを忘れましょう！　草原で草を食む鹿になった自分を、イメージしてみてください。

さあ、そこに猛獣が登場。あなたは、戦いますか？　……戦わないですよね。

「ひとりじゃ無理、助けて〜！」と、素直に言いましょう。

●自分の「プチ偉業」をほめる

日常生活のなかで、こまめに貧乏神を振り払うワザもあります。

それは、自分をほめること。「私、スゴい」「私、偉い」「よくやった」と、ことあるごとに自分をほめると、貧乏神がすごく嫌がってくれます。

コツは、ものすごく小さいことで、頻繁にほめることです。

起き上がったら「よくやった！」、歯を磨き終わったら「偉い！」という調子で。

実際、これらは小さいようで、スゴいことです。ドアを開けたり、洗濯機にタオルを放り込んだりしていることだって、すべて、「目的を果たしている」ことでしょう？あなたは絶えず、何かを望んで、それを達成しているんです。

しかも、貧乏神にしょっちゅう訳のわからないイリュージョンを見せられ続けているにもかかわらず、それができているんです。

生きて、食べて、眠って、起きて……スゴい偉業です。

「助けて」と言えた時や、「これ、自分が犠牲になることないよね」と氣づけた時にはとくに、たっぷりとほめてください。

言えなくても「でも氣づいているよね、偉いぞ」と言ってあげてください。

この調子でしょっちゅうほめ言葉が降ってくるとなると、貧乏神にとっては「騒音だらけ」の劣悪な環境に棲んでいるようなもの。いずれ根負けして、出ていってくださいます。

もし自分が神様だったら……!? と考えてみよう

●スケールの大きなことを考える

貧乏神の世界は「ひとり」の世界、閉じた世界。

福の神の世界はみんなとつながる世界。

このセオリーを、あなたはもう、よくご存じですね。

貧乏神さんからのウソ情報が、今も頭の中に吹き荒れているとしても、「本当は違うんだ」とわかっていれば、もう大丈夫です。

なぜなら人間には、「想像する」という素晴らしい能力があるからです。

現実がどう見えていても、そこからひととき抜け出して、「もし〜〜だったら?」の世界にワープできる。そこで想像したもの、意識したものが素晴らしければ素晴らしいほど、高次の周波数をキャッチできます。

というわけで、想像してみましょう。

思い切り高く、大きく――自分は「宇宙の中心」になった、と考えてみてください。

神様になった、と思ってもいいですよ。「畏《おそ》れ多い！」なんて思わなくていいです。

神様はすべてを愛する存在ですから、そんなことではお怒りになりません。

こんな風に、巨大・膨大なスケールのことを考えるのって、とっても強い厄除けになるんです。貧乏神の好きなひとりの世界とは、まさに対極ですから。


さて、神様になったあなたは、どんな世界を望みますか？


戦争ばかりしている世界がいいですか？　貧困や差別が横行する世界が好きですか？　子供が愛されなかったり、虐げられたり、殺されたりする世界にしたいですか？

あなたは――神様は絶対に、そんなことは望まれません。

だったら、どんな世界がいいでしょう？

あなた自身の「素晴らしい世界」を、たくさん思い描いてみてください。

● 神様の身になると、愛されているとわかる

「神様になってみる」という厄除けには、ほかにも効用があります。
自分が本当は愛されていた、と氣づけることです。

皆さんの中には、不幸な境遇で育った方がいるかもしれません。家庭が貧困だったり、子供のころに十分な愛情を受けられなかったり、大人からひどい目に遭わされたり、遭わされなくとも病氣や障害があったり、天涯孤独の身の上だったり……。
苛酷な毎日のなかで、「神様なんていないんだ」「いるとしても見放されてるんだ」と思ってきたかもしれません。

でも、違うんです。むしろ、とりわけ愛されていたんです。

神様の身になってみたら、わかるでしょう。
地球上に、小さいころのあなたのようなつらい思いをしている子がいたら、なんとか守ってやりたいと思いますよね。平穏無事な環境の子のことは、とりあえず周りの大人に任せておいて、その子を優先的に助けたくなりますよね。

その子が周囲の人間に放っておかれたり、暴力を振るわれたりしていても、なんとか「命だけでもつないであげよう」と思うはず。心臓を動かし、血を循環させようと必死になるはずです。

あなたも、そうやって守られてきました。

あなたの環境は悪い波動ばかりが満ち満ちていたかもしれないけれど、神様はその間を縫って、愛を送り込んでいたのです。

あなたが今、生きているのはそのおかげです。現に、この本を開いて、この箇所を読んでいるのも、「愛してるよ！」という、神様のメッセージです。

「自分は愛されている」。このことに氣づいている人のところに、貧乏神さんはなかなか近寄ることができません。貧乏神さんが好きなのは、「さみしい人」「いつも怒っている人」「恨みや妬みにとらわれている人」であって、「私は愛されている。守られている」と思っている人には、入り込む心の隙間がないのです。

●「神様の周波数」で描いた夢は実現する！

そしてもう一つ、「神様になってみる」の最大の効用があります。
それは、夢を描けて、それを実現に近づけていくことができる、ということです。
あなたが神様の視点に立った時に望んだ、素晴らしい世界。
その中に、あなたが実現できる「夢のモト」があります。
「これやりたい、実現させたい」と思うことが、きっとあるはずです。

それ、実現します。
神様の周波数に近づいた状態で何かを望むと、叶うのです。

実は今、僕自身もその状態にいます。
「みんなに福を届けたい」という思いを抱いてから、それが連続的に叶えられてきました。ユーチューブでの発信が反響を呼び、多くの方から「ありがとう」をいただけました。思いを共にする、多くの仲間もできました。

何かやりたいことや成し遂げたい夢、会いたい人や訪れてみたい場所ができると、その夢に協力してくれる人たちが次々と、自然に現れます。偶然の出会いであったり、人からの紹介であったり、さまざまな形でご縁が生まれます。

最初は「さすがに難しいかな……」と思っていたようなことでも、そうした皆さんがサポートしてくれることで、どんどん叶ってしまうのです。あんまりありがたいので、ユーチューブなどで皆さんと共有する時も氣合いが入ります。

そして、その出会いがまた新たな出会いを呼び――毎日が「奇跡の連続」としか思えない状態になっています。**「ご縁」や「ご縁を大切にする心」は龍神さんの大好物であり、貧乏神さんの苦手なものです。**

こうした「奇跡の連続」は、きっと、あなたにも起こります。

大きなスケールで世界を見て、そこで見た夢を、現実にしましょう！

「神様の周波数」に近づくために、もう一つ知っておくといいことがあります。

僕たちを「神様の周波数」に近づけるもの、それは「愛情ホルモン」と呼ばれるオキシトシンです。

オキシトシンは、愛、労《いたわ》り、優しさの氣持ちを抱く時に分泌されるホルモンです。これからの世界に必要な「利他精神」のホルモンだと僕は考えています。

このオキシトシンは、周りの人にも伝播《でんぱ》することがわかっています。優しさと愛は伝播するのです。人に優しくすると自分が幸せになれる（自己肯定感が上がる）ことは、科学の分野でも証明されています。人に優しくして「ありがとう」をいただく、つまりその循環は、オキシトシン豊富な人を引き寄せてくれます。

あなたから誰かにオキシトシンを「ギフト」として贈ることで、あなた自身も「ありがとう」と幸福の「ギフト」を受け取ることができるのです。

オキシトシンは、福の神様である龍神さんの大好物でもあります。

一方、怒りは貧乏神の大好物です。あなたの周りには、いつも怒ってばかりいる人がいませんか？　その人は、貧乏神さんに好かれてしまっている人です。そして、怒りは確実に自分の心や細胞も傷つけます。自分を傷つけて、周りの人にも不愉快な波動を出している人……その状態の人の周辺は、貧乏神ゾーンとも言える場所です。できるだけ、近寄らないのが一番ですね。

もし心に余裕があれば、「あの人の怒りが収まりますように！」とちょっと念じてあげると、あなたにもいいことがあるでしょう。龍神さんはそんなあなたが大好きですし、貧乏神さんはそんなあなたにゾッとします。

さて、この項目では「もし自分が神様だったら!?」と考えてみていただきましたが、最後に一つ質問です。

「もしあなたが貧乏神だったなら、大きなスケールで大きな夢を描く人や、優しさや愛情を周囲にまで伝播させている人のところにいたいと思いますか？」

答えはきっと「NO！」、お断りですよね。

こんなキラキラとした明るい、のびのびとした思考の人のところに、貧乏神さんは棲みつくことはできません。自分を「愛されていない、独りぼっち」の「夢もやりたいこともない」と思い込んでいる人のところに、早晩お引っ越しを検討するでしょう。

第2章

お金のツキを回すおまじない

お金が欲しいなら「お金がなくても大丈夫！」と唱えよう

●「お金が欲しい」と思うと貧乏になる⁉

この章では、金運を上げるための秘訣をお話しします。

もしかすると皆さん、次の質問に引っかかるかもしれません。

「お金がなくても幸せに暮らせる、と氣づいていますか？」

……「え⁉」となっている方、多いのではないでしょうか。


「お金がなくても幸せに暮らせると『氣づいている』って何⁉」

「お金は、ないと困るものだよね⁉」

「そんなこと思っているなら、金運の話、できなくない⁉」

という声が聞こえてきそうです。

その氣持ち、わかります。僕も皆さんに「お金の要らない生活を一緒に始めよう！」なんて言う氣は毛頭ありません。ただ、この考え方を参考にしていただくことで、「本当の豊かさ」のヒントを得ていただけるのでは、と思うのです。

序章で、「お金が欲しい、欲しい」と思えば思うほど、貧乏神がとりつきやすいと言ったのを覚えていますか？　それはなぜか。その理由に、カギがあります。

お金を欲するのは、「お金がないと生きていけない」と強く思っているからですよね。つまりこの氣持ちの根源には、「お金がなくなることへの不安」があります。

不安は、強烈にネガティブな感情です。だから貧乏神さんに氣に入られて、ますますお金がなくなるのです。なんとも皮肉な話ですが、ネガティブ大好きな貧乏神さんの習性上、理には適っているのです。

今、あなたはお金が欲しいと思っていますか？
もしそうなら、いったんその思いを脇に置きましょう。そして、またまたスケールを大きくして考えてみてください。

さて、そもそもお金って、どういうものなのでしょう？

●必要なだけのお金は勝手に入ってくる

お金は本来、決して悪いものではありません。

あらゆるものと交換できる、素晴らしいツールです。

「天下の回りもの」と言われるように、世界中を巡るエネルギーでもあります。その意味では水とも似ていますし、福の神様の大きな循環とも重なり合うものです。

一方、お金は「思い込み」も生じさせます。


お金は素晴らしいツールだと言いました。お金はモノやサービスを得るための便利な「手段」です。しかし人はしばしば、お金そのものを目的にしてしまいます。

お金をもっともっと欲しいと思う人は、使っても使っても飽き足らなくなります。

モノを消費しすぎてゴミが増えても、地球環境を危険にさらしても、人類の「欲しい、欲しい」は止まらない。お金持ちと貧乏な人の格差は広がるばかり。だけどお金のことばかり考えているお金持ちはどこか虚しそうで、貧乏な人は不安と苦労で疲れ

切っている——。そんな世の中、どこかおかしいですよね。

再び話を戻します。

改めて、僕がこの章で語りたい「金運」とは何か、というと……。

「その時、必要とするもの、望むものが、不自由なく、過不足なく、スルッと入るようになること」です。


その結果、生活が豊かになる。心もハッピーになる。これが本当の金運です。


「必要とするもの」の種類や規模は、一人ひとり違います。

大きなお金が必要な人、少しだけ必要な人。

いずれにせよ、その人にピッタリのお金とモノがあればハッピーですよね。


そうなるための方法は簡単です。

「私、〇〇があると幸せ！」「〇〇すると幸せ！」

という思いを、神様にポーンと投げかけるだけでいいのです。

「幸せ」はポジティブなエネルギーですから、福の神様の波動と一致します。

神様とつながった瞬間、本当に、必要なぶんだけ流れてきます。


僕は毎日のように、その経験をしています。「こんな家に住めたら幸せだな」とイメージした通りの家が目の前に現れたのも、そうした経験の一つです。

あなたもぜひこの章を通して、「神様の銀行」に口座を開設してみませんか？

●「とにかくたくさん」ではなく「幸せ打率」を上げよう

僕の言う「本当の金運」、まだちょっと難しいかもしれませんね。

「『○○があると幸せ』と『○○が欲しい』って結局、同じじゃない？」

と思った方もいるのではないでしょうか。

でも、両者はまったく別物です。その「○○」があなたにとって本当に必要か、手に入った時に本当に幸せか、がポイントです。


身の回りを見てみましょう。

欲しいと思って買ったけれど使っていないもの、ありませんか？

手に入れてみたら魅力が失せた、すぐに飽きた、使い勝手が悪かった、実は同じようなものを持っていて忘れていた……そんなものが大半を占めていたら、かなり貧乏神さんに好かれてしまっています。


貧乏神の「欲しいかもイリュージョン」に、ダマされてしまったんですね。

要らないものが増えて、お金が減る。まさに貧乏神さんの思うツボです。


「あると幸せ」という氣持ちで手に入れたものは、本当に幸せを感じます。

ですからモノを買う時は、買った後の幸せをイメージしましょう。

金運は「たくさんあるか・ないか」ではなく、「何に使うか」が最重要ポイントです。

自分に合うもの、大切にできるもの、愛せるもの、満たされた氣持ちになるもの。身の回りがそうしたものばかりになる「一〇割打者」になることが、最強の金運です。


ちなみに借金も、何のためにするかによって、運氣が変わってきます。

ギャンブルでつくる借金は、最悪な借金です。高揚感は一瞬だけで、散財したあと

は、満たされた氣持ちとは正反対の氣分になるでしょうから。

反対に、「あれば幸せ」なもののためにクレジットカードを使うなら、全然悪いことではありません。それを買って満たされた時、神様も一緒に喜んでくださいます。

「無料のお氣に入りスポット」をつくろう

●僕が「一文無し」を脱出できた理由

序章でお話しした通り、四〇代の僕は、ほぼ一文無しでした。

でも現在は、小さいけれど居心地のいい、自分にピッタリな家を買えて、持ちたいものを持てる暮らしを満喫しています。

その第一歩は、二〇一九年にユーチューブチャンネルを開設したことでした。

常識的に考えれば、無謀な挑戦でした。

五〇代、動画の世界などまったくの未経験。しかも当時、ユーチューブ運営は曲がり角に来ていて、収益を出すのは至難の業だと言われていました。

でも二〇二三年一二月現在、「369 Miroku Mind」は三〇万人近い視聴者の方々に見ていただけるチャンネルへと成長しました。

見てくださる皆さんへの、尽きない「ありがとう」を日々感じています。

僕の金運――いいえ、本当は、すべての人の金運は、「ありがとう」の循環をいかに多くするか、で決まります。

僕がユーチューブを始めたのは、ひとりでも多くの方に「福を届ける」ことをしたかったからでした。人の助けとなり、心の支えになれたら自分が満たされる。たくさんの人の「ありがとう」でどんどん幸せになれる。そう確信していたし、実際そうなりました。

僕にとって動画配信は「仕事」なのでしょうが、そこに義務感やストレスはありません。大変なことはもちろんあるけれど、楽しくて仕方がないのです。

● お金ではなく「ありがとう」を増やす

皆さんは、そんな風に仕事をしていますか？

「そんなはずないでしょ、みんなお給料のためにイヤイヤやってるんだよ」と思ったでしょうか？

それ、黄信号です。「イヤイヤ」な氣分に、貧乏神さんがくっついてきます。

なので、発想をズラしましょう。

お金のためにではなく、「ありがとう」のために行動してみるのです。

お客様のためでもいいし、それが今一つピンと来ないなら、一緒に働く人のためでもいいですよ。仲のいい同僚がちょっと喜ぶようなことでもOK。

「これをしたら役に立つかな？」と思うことを考えて、一つでも多く実践しましょう。

もらった「ありがとう」の数を「正の字」で毎日つけていくのも面白いですよね。明日はもっと！　という氣分になれそうです。

どんなことで「ありがとう」をもらったか、「ありがとう日記」に記録していくのもおすすめです。人がどんなことで喜んでくれるか、どう動けば周囲が働きやすくなるか、ということもクリアに見えてきます。

そうやって「ありがとう」を増やせば増やすほど……あら不思議！　お金も入ってくるんです。アルバイト待遇の人が「正社員になってみる氣はない？」と言われたり、正社員になったらなったで「昇級試験、受けてみない？」と言われたり。フリーで働く人なら仕事が増えたり、ギャランティが増えたり。

本当です。ダマされたと思ってやってみてください。

「お金のために」とは考えないのがコツですよ。

お金ではなく、ありがとうをもらう、ありがとうを稼ぐ。こちらが目的です。

周りを幸せにしながら、あなたも幸せになりましょう！

● 物欲からの「駆け込み寺」をつくる

お金をもらう・使う「以外」のことで満たされたら、お金が入ってくる。

これが、金運の不思議な法則です。

貧乏神が「欲しいかもイリュージョン」をガンガン放映してくるせいで、皆さんがつい、忘れがちなこと。

それは、世の中には、ゼロ円で幸せになれることがたくさんあるということです。

大事な人の「ありがとう」だけではありません。好きな本に没頭する時間、清流のせせらぎに足を浸す瞬間、散歩道、あたたかな日の光、満月の輝き、星の瞬き……。

こういう「無料の幸せ」を、一日に少なくとも一度、味わう習慣を持ちましょう。

「ここに行けば満たされる」という場所も、少なくとも一カ所、できればたくさん、持っておきましょう。

見晴らしのいい高台、緑深い公園、図書館や公民館、小さなギャラリー。

無料でないとダメとは言いません。居心地の良い喫茶店などもおすすめです。

そこは、貧乏神から逃げ出す「駆け込み寺」のようなものです。

今の世の中、ネットを見ても街を歩いていても、ありとあらゆる商品やサービスが「買って、買って」とアピールしてきます。それを見るたびに「欲」が刺激されたり、もっともっと……なんてフラフラしたら、一番貧乏神さんを喜ばせる展開です。
無料のお氣に入りスポットに避難して、貧乏神をシャットアウトしましょう。

「福の神様が喜ぶお金の使い方」をマスターしよう

● 貧乏神が好きな節約・嫌いな節約

「お金をかけない幸せを見つけよう」とは言いましたが、これは「ケチケチしましょう」と言っているのではありません。

僕自身も、お金をかけたいところには妥協しないタイプです。

たとえば着るものは、高級ブランドにこだわったりはしませんが、着ていて心地よい、機能的に優れた衣類を選んでいます

さらに身近なところでは「そうめん」。廉価なものならスーパーで簡単に買えますが、僕は老舗・三輪山本さんの「白龍」と「白髪」が大好き。極細麺の喉越しを感じ

る瞬間、最高に幸せです。なので、手間もお金もちょっぴりかかるけれど、夏場はしょっちゅう取り寄せています。

そうそう、人にごちそうする時も、思い切りよくお金を使います。素敵なお店で、美味しいものを食べて飲んで、幸せな時間を過ごしてほしいですからね。

「節約はダメ」と言っているのでもないですよ。

節約って単なるケチではなくて、節度でもあると思うんです。

「〇〇があれば幸せ」と思うものを買うためにお金を貯めないといけない、という時に「今日は〇円以上は使わない」と決めて守る。そんな風に計画的に節約するのは、全然「貧乏くさい」ことではありません。**目当てのものを買う日のために、ワクワクしながら貯金する氣持ちは、むしろ貧乏神が忌み嫌うものです。**

野菜やハーブを買う代わりに、庭やベランダで育てたりするのも素敵ですね。とれたての野菜は目にも鮮やかで、心が豊かになりそうです。

一方、「苦しい苦しい、でも我慢だ……」と思いながら節約すると、貧乏神が寄っ

てきます。「本当はビールが飲みたいのに」と思いながら毎日発泡酒を飲んでいるなら、飲んでいて全然幸せじゃないですよね。貧乏神さんがニヤニヤしながら一緒に乾杯してしまいます。

毎日が無理なら週に一度、あるいは頑張った日には、ケチケチせず、プレミアムビールでもクラフトビールでも、本当に飲みたいものを飲みましょう。

●「無駄遣い」は心が貧乏になる

節約と言えば、日用品の「まとめ買い」ってありますよね。「○個で○割引」と書かれていたらつい買ってしまって、使い切れなくなった経験はありませんか？

これも「悪い節約」の一つです。

なぜなら「安いから」という理由だけで買っているからです。それが必要か、買って幸せかを考えていないからです。

必要じゃないものを買ってしまう「無駄遣い」って、大金持ちから庶民まで、みんなやってしまいますよね。近年問題になっている「フードロス」も、みんなが日常的

に食材を無駄に買いすぎているから起こるのです。

大金持ちの無駄遣いともなると、バカ騒ぎのパーティで何百万、何千万円が吹っ飛ぶような、すごい規模になりそうです。「経済が回るならいいじゃない」という考えもあるのでしょうが、あくまで「幸せ」の観点から考えてみましょう。

その人は、たくさんお金を使っていてもどこか心に穴が空いているのではないでしょうか。映画でも、贅沢三昧のさなかも孤独や退屈を感じている主人公が悲劇に突き進んでいくストーリーが、実話もフィクションも含めてたくさんありますよね。

そう、贅沢三昧する人は、心が貧乏で、飢えているのです。

お金持ちにも、貧乏神はとりつくのです。そんな人は、たとえ死ぬまでお金持ちでいられたとしても、幸せな人生だとは言えません。

うなるほどお金があっても、「打率」がゼロなので金運もゼロなのです。

むしろ、お金の魔力に取り込まれた「マイナス」の人生かもしれませんね。

「カツカレーが食べたいからおごって！」と言える人になろう

●「予祝」をすると、お金もご縁も思いのまま！

「〇〇があると幸せ！」という思いを神様にポーンと投げれば、それを可能にするお金が入ってくる、と言いました。その「ポーン」というのは、具体的にどうするのか。

家を買った時の話（82ページ）でも少しお話ししましたが、僕は何かを望む時、すでに実現したかのように、神様に感謝します。

「こんな感じの理想の家が見つかりました、ありがとうございます」と。

ユーチューブを始めたばかりのころも、「チャンネル登録者数一万人を達成しました、ありがとうございます」と言いました。今では一万人どころでない人数になりましたが、その時のことはよく覚えています。

お金でも人のご縁でも、イメージを投げかけて感謝すれば、神様がその通りにして

くださいます。


「そんなバカな」と思われるかもしれませんが、これは日本古来の、伝統的な祈りの形でもあるんですよ。日本には「予祝」というならわしがあります。別名「前祝い」。

もともとは、農耕儀礼の一つです。

寒い地方の農家では、小正月に「庭田植え」という儀式を行うところがあるそうです。庭の雪を田んぼに見立てて、家族で田植えの真似事をするのです。

数カ月後に始まる「本番」もうまくいって豊作になるよう、神様にそのイメージをポーンと投げているわけです。


つまり予祝は、何人かが集まって行うのが元来の形。


たしかに人数が多いほうが、「祝い事」として盛り上がりますよね。

僕も、同じ志を持つ仲間たちと、三〇人くらいで景氣よく食べて、飲んで、楽しみます。「おめでとう！」「ありがとう！」が飛び交う、エネルギーあふれる場です。

三〇人とは言わぬまでも、一緒に何かを叶えたい仲間がいたら、ぜひ集まって、前

祝いをしましょう。

「叶えるぞ！」という氣持ちがぐっと高まり、連帯感も強まります。そしてそんな場に連れていかれようものなら、貧乏神さんはめまいを起こして一目散に逃げだします。

●人に何かをおごってもらう勇氣がありますか？

「先に祝えば入ってくるって、どうして？　本当に？」と疑っている方、そこは「信じる」しかありません。半信半疑でやっていると、神様へのアクセスも弱まってしまいますから、できれば「とにかく、信じて、やってみる！」でお願いしたいです。

それでもどうしても疑ってしまうなら、こんな方法を試してみてはどうでしょう。

仲の良い友達に、こう頼んでみるのです。

「ねえ私、今、カツカレーを食べたらめちゃくちゃ幸せだろうなって思うんだ。おごってくれる（にっこり）？」

友達はびっくりするでしょうが、まあ、友達ならおごってくれますよね。

——ほら、望んだら叶ったでしょう？　要領がつかめましたか？

もちろんカツカレーでなくても、パスタでもパフェでも構いません。

「それ、普段の私のキャラと違いすぎる……」と思った方は、もうちょっと、甘え上手になったほうがいいかもしれません。

貧乏神さんは、甘え下手な人のことが結構好みのタイプみたいですから。カッコつけたり、「貸しをつくりたくない」と思ったりする人のことも好きです。

その一方で、「おごってもらうのが当たり前」と思っているような人も姿勢を改める必要があります。それは貧乏神に好かれるというより、その人自身が貧乏神です。おごってもらった時の「ありがとう」は、言うまでもなく必須！

ご馳走になるのに氣が引けるなら、次にその友達に会った時、「この間はありがとう！」と、自分が何かをおごる側になればいいでしょう。

「ありがとう」を送り、受け取るという「循環」ができると、停滞大好きの貧乏神は落ち着かなくなってきて、ソワソワし始めます。

住まいはとにかく「循環」と「居心地」を重視しよう

● 方角や間取りよりも大切なこと

「どんな家に住むか」は、金運を大きく左右します。
方角や間取りなど、さまざまなセオリーにこだわる方も多いですよね。
でも、あまり縛られすぎると「我慢」や「頑張り」が発生してしまうので要注意。
最低限のことだけ押さえておけば大丈夫、と氣楽に構えましょう。

最重要事項は、「氣の巡り」を意識すること。

部屋の中にエネルギーの循環がないと、お金の循環も悪くなります。風通しが良く、ジメジメしていないことが大事です。

実は、僕が「四〇代のどん底期」に住んでいた家は、この二つの悪条件にバッチリ

該当してしまっていました。湿氣が多く、陰氣さが漂っていました。しかも、知人によると、「お金が入っても、すぐに出ていく間取り」だったようです。

玄関のドアを開けると、一番奥の窓までまっすぐ一氣に見渡せてしまう間取りだったのですが、これでは「循環」ではなく、「素通り」になってしまうと言うんですね（今、この間取りの家に住んでいる方がいたら、奥の窓までの間に暖簾《のれん》を吊ったりついたてを立てたりして、少しだけでも視界を遮蔽するのがおすすめです）。

横浜から引っ越した現在の神戸の住まいは、当時の家とは対照的です。

そして常に、室内の空氣を循環させるようにしています。窓を開けたり、換氣扇を回したり。おかげで我が家の空氣は大海を泳ぐマグロなみにノンストップです（笑）。

● 片付けや掃除は「自分の好みの度合い」でいい

家の中は「片付いていなければ金運が逃げる」とよく言われますが、僕はさほど氣にしません。

あまりにもゴチャゴチャしていると、氣持ちも乱れて貧乏神が寄ってくるかもしれ

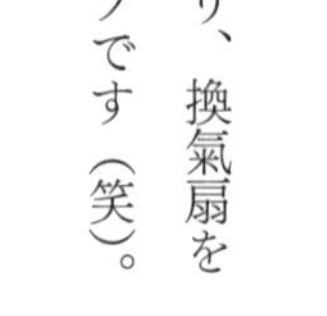

ませんが、逆にあまりに整然としすぎていても、落ち着かない人もいますよね。
僕自身はというと、適度に散らかっているほうが居心地がいいタイプです。

あくまで好みの問題ではありますが、その「好み」が重要です。
あなた自身が快適だと感じる片付き度合いであれば、それで運氣は上がります。

自分の度合いをつかむには、「帰宅した時」の印象でわかります。部屋に入った瞬間、「うわあ、ゴチャゴチャ」とウンザリするならもう少し片付けたほうがいいですし、「なんか無機的」と思うなら、片付けを頑張りすぎている印です。

掃除に関しても、片付けと同じように考えてOKです。
チリひとつ落ちていない空間でなければダメ！　なんてことはありません。
もちろん、そういう空間が好きで、掃除をするのが「幸せ」ならば大いに掃除すべきですが、「掃除機を運ぶのが面倒」「すぐ充電が切れちゃう」なんてストレスをしょっちゅう感じていたら、チリはなくなっても貧乏神がウロウロし出す可能性ありです。

我が家は三階建てですが、掃除機は一階でしか使わないようにしています。三階の作業部屋を掃除するのに使っているのは、小さなホウキ。手軽だし、音も出ないし、手を使って掃き清めるのはとても氣持ちが良く、快適です。

家事ストレス多めの方にはすごくおすすめ。最近はおしゃれなデザインのものもたくさん出ています。自分好みの一品で掃除をすれば、幸せ指数も上がりそうです。

●目に入るところに、光るアイテムを

僕は毎日、三階の作業部屋で、皆さんにお送りする動画を制作しています。

パソコンの傍らには、金色の龍神様の置物があります。

さらにその隣には、三面大黒天の像。さらに、この神様を祀《まつ》った神社でもらったお札を額に入れ、そこに一万円札を挿しています。

三面大黒天とは、真ん中に大黒様、向かって右側に弁財天、左側に毘沙門天と、三柱の神様が合体した像です。かの豊臣秀吉は、農民だった少年期から三面大黒天像を懐に忍ばせ、毎日「ありがとうございます」を言っていたとか、いないとか……。

皆さんもこの通りに……とは言いません。**ただ、何かしら「光るもの」を、自然に目に入る場所に置くことはとてもおすすめです。**自然に目に入る、つまり「無意識に」しょっちゅう視界に入る、というところがポイントです。

金運アップのアイテムを「意識的に見る」場合、「お金が欲しい！」という、貧乏神降臨モードに入りがち。

対して、「欲しい」と思っていなくても勝手に、自然に視界に入ってくる状態にすると、無意識の中に、キラキラした福の神様の氣が入ってきます。

僕は、龍神さんの置物にお水もさしあげています。龍神様は水から生まれた神様だからです。その時のご挨拶も「金運アップ、お願いします！」ではなく「いつもありがとうございます」。金運は、お願いではなく「感謝」で上がるものなのです。

● 神棚は「神様の出張所」

我が家の一階には神棚があります。

神棚にご挨拶する時も、お願いではなく、感謝をします。

神棚は、「願い事をするもの」というよりも、「そこにあることで、神様とつながっていられるもの」だと僕は考えています。

神棚は神社でいただいたお札、つまり神様の氣が宿るものを飾る場所です。言うなれば、天界や神社にいらっしゃる神様の、我が家の「出張所」なのです。神様が家にいつもいてくれるのですから、ありがたいことこの上ないですね。

ちなみに神棚を置く際も、細かい決まり事は氣にしなくていいと思います。

室内の「高い場所」に設《しつら》えること、東か南、どちらかの方角に向けること。そこさえ守っていれば、お札やお供え物の置き方や、拝礼の方法などの細々とした「正しい作法」には、縛られなくてもいいでしょう。

「このやり方じゃダメなのかな？」などと考えて神経質になっていたら、せっかく神棚を設えたにもかかわらず、貧乏神さんがチョロチョロし始めるかもしれませんよ。

神様は、そんな小さいことなど氣になさいません。大事なのは氣持ちです。「あり

がとうございます」の氣持ちがあれば、神様は喜んで、福をもたらしてくれます。

●「氣の悪い家」から脱出するには

残念ながら、そもそも「氣の悪い家」では、工夫をしても、なかなか神様とつながれないこともあります。僕が「どん底期」に住んでいた家もまさにそうでした。

「この陰氣で金運の悪い家から、できるだけ早く脱出してやる！」と毎日思っていたのですが……なぜか、できないのです。

お金が足りないとか、その地域でないとできない仕事が入ったとか、その他小さい事情があれこれと起きては、僕の足を引っ張るのです。

今思うと、それも貧乏神さんの仕業でした。「この家、最悪!!」と思っている僕のネガティブな波動が、思いっきり貧乏神のごはんになっていたのでしょう。

出たいと思うほど、邪魔をされる。とても始末の悪い状況です。

ところが、ひょんなことで「呪縛」が解けたのです。

序章に書いた「氣づき」――自分は本当は守られていたのだという発見をして、感謝の思いであふれた時を境に、それらの事情がスルスルと消えてなくなりました。

次に住むならこのエリアがいいな、こんな環境がいいな、こんな家がいいな、といったイメージもスムーズに湧き出てきて、物件もすぐに見つかり、あっという間に引っ越しできました。


氣の悪い家から脱出するには、「今の家、嫌！」と思うと逆効果なのです。「こんな家がいいな」と、ポジティブな波動でイメージするのが成功の秘訣。

貧乏神にまとわりつかれない出口戦略、ぬかりなく立ててくださいね。

本氣で金運を上げたいなら「やりたいこと」を見つけよう

● 体験を増やすと、「やりたい」が見つかる

この章では金運について語ってきましたが、紹介したノウハウを集約すると、

「心が満たされることをしよう」「ありがとうを循環させよう」
ということになります。

まず、「満たされる」について。

自分が「したいこと」をして心満たされる生き方をしていれば、その生き方に必要なぶんのお金が入ってきます。仕事に限らず、趣味でも、研究でも、仲間との活動でも。「したいこと」は、その時の状況によって随時変わるものです。今楽しいこともあれば、新たな興味が湧いてくることもあるでしょう。

一方で、「やりたいことが見つからない」という声も、よく聞きます。

そんな時は、とにかく経験の量を増やすことです。

「これまでしたことのないこと」を、毎日体験していくのが一番です。

昨日と同じことを繰り返していても、見つからないのは当たり前。未知の領域にどんどんチャレンジしていきましょう。

「怖くてできない」のなら、小さいことから始めましょう。知らない駅で降りてみるとか、読んだことのない作家さんの本や漫画を読んでみるとか。

「お金がないからできない」のなら……これはもうわかりますね。お金がなくても楽しめることが、世の中には山ほどある、と。

できることを、片っ端から、実践してみましょう。

その中できっと、「これ、好きかも」が見つかります。さらに追っていくと、人生をかけて取り組みたいくらいの「好き」にも出会えます。貧乏神は震えあがります。

それからついでに、耳寄り情報。今は、「好き」が収入につながりやすい時代です。ユーチューブやインスタグラム、X（旧ツイッター）などのSNSを使って、好きなことを発信して収益に結び付ける、という方法があるのです。

僕の若いころには考えられなかったことです。昔は仕事と言えば、会社の面接を受けて就職をして……というルートがほとんど、いやほぼ全部でしたから。

皆さんは、実はふんだんに選択肢を持っているのです。

固定観念の枠をはずして、この時代ならではのチャンスをつかみに行きましょう。

●お金は道具であって「お金様」ではない

もう一つの「ありがとうを循環させよう」はもう、おなじみですよね。

これは、どんなおまじないよりも効きます。


お金にまつわるおまじないって、色々ありますよね。

「巳の日に小銭を洗うと良い」とか、「新月の日にお財布をおろすと、満月に向かうようにお金が増えていく」とか。それをすることであなたのワクワク感が上がるなら、とても良いことです。どんどんやりましょう。

ただし、それをする時に「お金そのもの」をありがたがる氣持ちはないほうがいいな、と個人的には思います。**お金はあくまで道具であって、大事なのはその先の幸福だからです。人の上にお金があるのではなく、人が上手に使ってこそのお金です。**

そこを間違えて「お金様、お金様、どうか私のところへ来てください……」とばかりに念じてしまうと、お金の代わりに貧乏神がやってきます。

やはり、「ありがとうが最強」なのです。水を飲む時に感謝しよう、という習慣（56ページ）は、金運アップにものすごい力を発揮します。

水もお金も、循環するもの。そこに「ありがとう」の波動を乗せましょう。

その際は、体を潤してくれる水への感謝はもちろん、「万物」に感謝しましょう。

龍神様、ご先祖様、そばにいる大事な人、そばにいない人、知らない人、すべての動物、植物、鉱物、それをつつむ地球、それをつつむ宇宙――神様とともにあるすべてのものに、今生きているこの命に、感謝しましょう。

その思いは、世界全体に拡散され、巡り巡って戻ってきます。

人との出会いや、機会、お金という形で循環するのです。

第3章

人間関係のツキを回すおまじない

人間関係は「どうしようもないもの」じゃない！

●自分と同じ波動の人が寄ってくる

この章では、人間関係の厄除けについてお話しします。

もしあなたが「待っていました！」と思ったなら、つまりは今、「厄」になるような人がそばにいる、ということですよね。

この状況、多くの場合「自分が呼んじゃってる」ことが原因だったりします。悪い波動を放っている時は、そういう人が寄ってくるんです。

誰かに嫉妬心を抱いていたら、やはりひがみっぽい人が寄ってくるし、怒っている時は怒っている人が寄ってきます。

あるいは「弱っている」波動の時に、「食い物にしてやるぞ」という波動を持っている人が寄ってくることもあります。一見対照的ですが、「支配する・される」という人間関係が通常モードになっている、という意味では同類なんですね。

「それはつまり、自分が悪いということ?」……とは、思わないでくださいね。原因はあなたの中にあるけれど、それは「あなたが悪い」のではありません。

心の隙間に、貧乏神さんが入り込んだだけ。だから、追い出せばいいだけです。

良い波動を放てば、同じ波動を持つ人が寄ってきます。

それには「金運」の時と同じで、「ありがとう」を循環させるのが最強の方法。

人にありがとうを言う。人にありがとうと言ってもらえることをする。

自己犠牲ではなく、自分も相手も、幸せになることをする。

これで万事解決です!

● 貧乏神が、判断を狂わせる

……と言ってしまったら、いきなり第3章、終わっちゃいますよね(笑)。

まあ、結論から言えばそういうことなのですが、氣持ちはそう簡単に割り切れるものではありません。僕だってそうです。

なぜなら、「波動を悪くしてやろう、弱めてやろう、苦しめてやろう」とほくそ笑む貧乏神がチョロチョロして、判断を鈍らせてくるからです。

僕もそうだったから、よくわかります。

「どん底期」には、悪い波動の人にばかり引き寄せられて、たまにいい人、ポジティブな人が来てくれても遠ざけてしまった、という話をしたでしょう?

今思うと、本当に残念です。心から心配してくれる人の助言をうっとうしく感じたり、カッコつけて平氣なフリをしたり……猛省です。

そういえば、「過剰に甘えてしまった」こともありました。

貧乏神は、甘え下手な人が好きだと言いましたね。これって「甘えない人」だけではなく、「甘えっぱなしの人」も大好きなんです。

たとえば、相手に無理難題をふっかけ、それを繰り返して「どこまで甘やかしてくれる?」と試したりする行動なんて、好みのど真ん中です。

こんなことをしたら、いつか必ず相手は愛想をつかしてしまいます。

そうして相手を去らせておいては、「ほ～らやっぱり、みんなひどい人ばかり」と、自分の不幸を再確認するクセのある人、いませんか？

それ、完全に貧乏神さんに操られています。


自分をわざわざ不幸に落とす貧乏神イリュージョン、抜け出したいですよね。

ここからは、そのヒントをたっぷり紹介していきます！

縁切りや仕返しは神様にまるごとお任せして浄化しよう

●「縁切り」に罪悪感は不要

貧乏神に操られている最中でも、「わかること」ってあるものです。

周りの人々がいい人なのか悪い人なのか、訳がわからなくなっていても、「明らかに一緒にいてはいけない人」って、なんとなくわかるんです。

あからさまにこちらをバカにする人とか、攻撃的な人とか、先ほど言ったような「無理難題」ばかり押しつけてくる人とか、人の悪口や陰口に誘い込んでくる人とか、こちらの劣等感をつついてきてニヤニヤしてる人とか……。

こういう人は、迷わず遠ざけるべきです。

今、あなたはその人を苦手だと思っていますよね。

人間の感情は、共振するものです。つまり相手もあなたに、いい感情を持っていないのです。同じように苦手か、あるいはイライラするから、意地悪したくなっているのかもしれません。

このように、互いに「嫌だ」と思い合っている二人がコミュニケーションを続けていると、その先で深刻な敵対関係になる可能性あり。そうなる前にご縁を切ることが必要です。

「会わない」と決めたら会わずにいられる人なら、簡単ですよね。

SNSでのつながりを断ち、連絡に応じなければいいだけです。

一方、職場の同僚など、会わないわけにはいかない人もいますね。

その場合は、用事以外の話はしないようにするのが基本。

では、それでも相手がちょっかいを出してきたらどうすればいいでしょうか？

お願い事を叶える方法で学んだ、例の「神様にポーンと投げる」をしましょう。

「私から遠ざかってくれた！　ありがとうございます」とイメージするのです。

「そんなネガティブなこと、頼んでしまっていいの?」と思うかもしれません。

いいんです！　そうしたほうがお互い幸せなのですから。つまりこれ、実はネガティブじゃないんです。

ネガティブだと思うのは、「縁を切りたい」と思っていることに「罪悪感」があるからですよね。「こんなこと頼むなんて、私、心が狭いのかな」と。

すると、その罪悪感、自己否定の氣持ちに貧乏神が吸い寄せられてきて、願いが叶わなくなります。**ここはさわやかに、「あの人が遠ざかってくれました〜！　ありがとうございます！」と、前祝いしてしまうのが正解です。**

ただし、「アイツがひどい目に遭いますように」なんてことを祈るのは絶対にＮＧ。

願うのはあくまで「距離を置く」ことであって、相手の不幸であってはいけません。
それこそ貧乏神が大好きなネガティブ感情なので、厳に慎むべし、です。

●ムカついた時の魔法の言葉「にんにくはらみつ」

「でもあんな奴、どうしても『ひどい目に遭え』と思っちゃう」。そんな時にも、良い方法があります。**「にんにくはらみつ」**と唱えるのです。

不思議な言葉ですが、これは仏教の言葉で、「忍辱波羅蜜」と書きます。

仏教では、怒りや恨みを抱くと、これまでにどんなに徳を積んできても、ゼロに戻ってしまうという考え方があります。たった一度だけでも、全部消え去るのだそう。

だから、怒ったり恨んだりする代わりに、その相手に対して「ありがとう」と思おう――という修行を、「忍辱波羅蜜」と呼ぶのです。

「いやいや、無理」と思いますよね。もちろんそうできれば上々ですが、修行僧でもない僕たちにはハードルが高すぎます。

そこで、ただ「にんにくはらみつ、にんにくはらみつ」と唱えるだけでもいいよ、という一般市民用バージョンも用意されているわけです。

仏教思想って、こういうしくみになっていることが多いんです。

念仏も、その言葉の意味はものすごく深遠な話だけれど、「わかんなくても、唱えておけばＯＫ！」とされていますよね。衆生《しゅじょう》をまるごと救うありがたいシステムに、乗っからせていただきましょう。

「にんにくはらみつ」って、言葉の響きもかわいいし楽しいでしょう?

つい、食べ物のニンニクが浮かんできますが、これももともと「忍辱」からとった名前だそうですよ。ちなみに波羅蜜は「悟りの彼岸に渡る」という意味のサンスクリット語なので、ハチミツとは関係ナシ……ですが、細かいことはいいんです。

ニンニクとハチミツでも思い浮かべながら、ニッコリ笑って唱えましょう。

●仕返しは天に任せよう

実を言うと僕も、四〇代の「どん底期」の原因になった人を長く恨んでいました。どん底を抜けたあとでも、「復讐《ふくしゅう》してやりたい、僕と同じようにひどい目に遭わせてやりたい」という暗い思いがなかなか抜けませんでした。そんなある日、ひとりで瞑想をしていた時に、フッと神様のメッセージが降りてきたのです。

「お前はそれをやってはならぬ、それは天がやることだ」

ハッキリと、そう聞こえました。

思わず目を開いて、深呼吸をして、「わかりました」とお答えしました。

以来、仕返しは天に任せよう、と決めています。その相手はもちろん、これから出会うかもしれないひどい人に関しても、僕は何もしなくていい、と思っています。

面白いことに、キリスト教の聖書にも同じメッセージがあるんですよ。

昔の映画のタイトルで、『復讐するは我にあり』というのをご存じでしょうか。

これだけ聞くと「俺が復讐してやるぞ～」と恨みに燃えた人の言葉だと誤解しがち

ですが、この「我」は神様です。

「主いひ給ふ、復讐するは我にあり、我これを報いん」と、文語訳聖書にあります。

ちょっと難しいので、今の言葉で書かれた聖書から引用すると……。

「『復讐はわたしのすること、わたしが報復する』と主は言われる」

と、書いてあります（日本聖書協会『聖書 新共同訳』ローマの信徒への手紙12章19節）。同じ箇所には、「自分で復讐せず、神の怒りに任せなさい」とも。

前にも話した通り、僕はどんな宗教の神様も「元は一つ」だと信じています。

仏様もイエス様も、僕に語りかけてきた神様も、仕返しなど決して望んではいないんですね。ですから皆さんも、神様にお任せしちゃいましょう。

すると、不思議なことに、その後相手がどうなったか、って、それほど氣にならなくなるんです。僕が恨んでいた人も、その後風の噂で「相当な苦境にいるらしい」と聞いたのですが、「ふうん、そうなのか……」と思っただけでした。

天に任せるって、恨みの氣持ちも浄化してくれるんですね。

神様のレベルから見れば、人の能力に大差なし！

●貧乏神の大好物「嫉妬」との付き合い方

怒りや恨みと同じくらい、貧乏神さんが好きな感情が「嫉妬」です。

妬み、そねみ、ひがみ。

あなたがこれらの感情を抱くと、その波動を感じた貧乏神は「ヘッヘッヘッヘッ、あっちの水は美味そうだなぁ」とばかりにほくそ笑んで、あなたの心にとりつきます。

そしてあなたの嫉妬心はますます強くなっていく、という負のループに入ります。

ですから、人をひがむのはやめましょう……と、言われてやめられたら苦労しないですよね。それでは、その感情と少し向き合ってみましょうか。

あなたはその人の何に嫉妬していますか？

容姿か、頭の良さか、運動能力か、如才なさか、才能か、収入か、生まれ育ちか、

社会的地位か、モテ度か……人の嫉妬のバラエティは無限です。

ハッキリ言いましょう。神様から見たら、そんな違いはどうでもいいことです。

高次の存在から見る人間の上下なんて、微差も微差。というか、ゼロです！

天才も凡才も似たようなもの。美女もフツーの子も似たようなもの。

神様は「差」なんか氣にしません。

神様はすべてのものを愛するけれど、それはキレイだからでも、頭がいいからでもありません。その人が「その人自身」だから愛するのです。あなたが愛されているのは、ほかでもないあなただからです。

「あなたである」ことだけは、ほかの誰にもできない「能力」ですよね。

「いやいやそうは言っても、人間の社会ではやっぱり差が出ちゃってますよね……」と思うでしょうか？　それにも訳があります。

すごい能力を発揮している人も、実はその人自身の力だけを使ったわけではありません。

それが「運」です。神様とつながって、神様の無尽蔵のパワーを注いでもらっているんです。そして、この本でお話ししてきた「神様とのつながり」があれば、あなたの可能性もどこまでも広がります。

嫉妬に駆られて、貧乏神さんにサービスしている場合ではないですよ!

●「すごいなあ」を「できるかも」にしよう

ここで、ちょっとおさらい。

神様と「つながる」にはどうすればいいんでしたっけ?

はい、「ありがとう」ですよね。それから、「時間のない時間」——夢中になれる時間を持つことでした。つまり「好きでたまらないこと」を見つけたら、嫉妬なんかバカバカしくて忘れてしまうし、あなた自身の素晴らしさが花開くというわけです。

ただ、ここで最後の関門があります。

「好き」をする時に、同じことをしている人が上手に見えたり、立派に見えたりして嫉妬に舞い戻ったり、氣後れしてしまうパターンです。

僕も、「どん底期」によくユーチューブを見ていて、活躍している配信者の方を見ては、「すごいなあ」「好きなことをして稼いでいて、うらやましいな」と思っていました。そして、「どうせ自分なんか」と思って鬱々としていました。

その後、どん底を抜け出して間もなくのころ、ふと思いました。

「この人たちと、自分の違いってなんなんだろう？」

そこで開始時期を見てみると——だいたい、二〜三年前なんですね。当たり前ですが、みんながみんな一〇年も二〇年もやっているわけではないんです。

これで少し、ハードルが下がりました。

しばらく経って、今度は**「どうすればできるだろう」**という思いが出てきました。で、調べてみると、これも、そんなにスゴい技術が要るわけではない。そういうことが見えてくるにつれ、どんどん**「やりたい！」**が大きくなっていきました。

このように「すごいな、うらやましいな」と思った時に、「ちょっと知る」のはとても有効です。知らない相手って、実際よりもずっと大きく見えるもの。でも少しだけ知れば、そうでもないとわかります。実際にけっこう差があったとしても、何も知らない時と違って、「どれくらい差があるか」がちゃんと見えますよね。

そうすると、「差の詰め方」に意識が向きます。

そして、差の詰め方が見えてくると、「できるかも」になっていきます。

ボンヤリしたイメージに対して氣後れしても、何も始まりません。「ちょっと知る」を重ねれば重ねるほど、貧乏神さんは遠ざかっていくのです。

マウントを取る人、無礼すぎる人は敵にあらず

●「すごいですね〜」でだいたい解決する

職場でも、学校でも、趣味の集まりでも、人の集まるところ、必ず現れるのが「マウントを取る人」です。地位とか、持ち物とか、豊富な知識とか、「誰々さんと知り

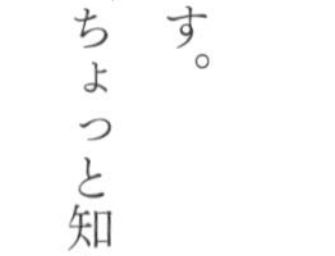

合い」とか、こちらが聞きもしないのに言う人、いますよね。

マウントを取られた時に「うっとうしいな〜」と思うだけなら、さほど問題ありません。でも「傷ついた」氣持ちになるなら、ちょっと考えてみましょう。

そもそもマウンティングとは、「自分のほうが優位だ」と誇示する行動のこと。言い換えれば、「あなたは私より下」と伝える行動です。低く見られている、と思ったから、あなたは傷つくわけですね。

でも本当は相手のほうこそ、自分に自信がないのだと氣づいていますか？

自信があれば、わざわざ「自分のほうがスゴいんだからね」と伝えたりはしないはず。自分がちっぽけだと思っているから、一生懸命大きく見せようとしているのです。

「誰々さんと知り合い」の類のマウントを取る人はとくにそうです。自分が何者でもないから、人の名前を借りて虚勢を張るのです。

ならば、「そうなんですね」「すごいですね」と言って、受け流すだけでOK。

それでも不快なものは不快なので、自分からは近づかないこと。

まして「マウントを取り返そう」は大変不毛なので、やめておきましょう。

僕としては、相手の自信のなさに氣づいていればだいたい解決する、と思っています。それでももう少し対抗策が欲しい場合は、マウンティングをテーマにした「ハウツー本」を読むのがおすすめ。

この種の本には、いくつもの具体的な対処法が紹介されています。その中の二、三個を覚えておいて、行く先々に現れる相手に同じ対応を使い回しましょう。

●人の「好き」を軽んじる人は、氣の毒な人

マウントの一類型として、「人の大事にしているものをバカにする」、いわゆる「ディスる」行為があります。「え、その曲好きなの？　ダサくない？」とか。

これはかなり、罪が重いマウントに見えますよね。

僕もこのマウントに遭った時は、最初、そう思いました。

ある会食で出会った人に、「神社、まったく関心ないです」と言われたんです。初詣に行ったこともなければ、お寺にも教会にも行ったことがない、と。

喧嘩を売っているわけでもなく、「知らないから教えて」と興味を示すのでもなく、淡々と「無関心です」と言われました。

無宗教であることは、個人の信条なので、当然ながら僕がどうこう言えることではありません。でも、僕が大事にしていることだと知っていて、わざわざ「無関心」だと伝えるなんて……と、かなりショックでした。

でも、氣づいたのです。この人は「自分」以外に関心がないのだと。宗教はもちろんのこと、自分以外の人間にも、おそらくあらゆる生物・非生物にも。

つまり、貧乏神さんがもっとも好むタイプの人なのです。そう思うと、むしろちょっと心配に。「どうかご無事で……」と思って見送りました。

一方、「私の関心事のほうが素敵よ」と示したくて、こちらの「好き」を否定する人もいますね。こちらは普通のマウントと同じく、自信がない証拠です。

自分の「好き」に自信がないのは、かなり悲劇的です。それは本当に好きなのではなく、「オシャレな趣味ですね」といった賞賛などを求めて、好きなフリをしていたりします。

たぶん本人はかなり苦しいでしょう。そう考えるとこれまた、腹を立てるどころか、同情したくなりますね。

ちなみに、氣心の知れた間柄の友人同士で、「〜〜こそが最高だ！」「いやありえない。〜〜のほうが最高だ！」と話に花を咲かせるのは、自分の「好き」をちょっとワイルドな言い方で伝え合っている楽しい場。これは逆にポジティブな波動のやりとりなので、貧乏神さんは聞いていてもちっとも面白くありません。

「自分が貧乏神になっていないか？」チェックしてみよう

● マウントが高じると「裏派閥」のボスになる!?

ここでいったん、視点を逆にしてみましょう。

あなたは、「マウントを取る人」になっていないでしょうか。

何かを自慢して、人を威嚇したことはありませんか？

一度もないと言い切れる人は、ごく少数だと思います。長所をアピールしないとバカにされるかも……と思う瞬間って、誰もが一度や二度は経験するものです。

そう、マウンティングは自信を失っている証拠。貧乏神がお届けする「私なんかイリュージョン」を見せられてしまっているのです。84ページに出てきた解除法で、すぐお祓いしましょう。


なお、これを放っておくと、マウントを取るクセが常態化、重症化します。

そして、「裏派閥」をつくりたがるという症状が出てきます。一つの集まりの中で、「裏のボス」的な立ち位置を狙うようになるのです。

集まりの主宰者や指導者といった表のリーダーとは別に、裏側で権力を握ろうとする。全員に対してマウントを取り、自分が一番偉くなろうとする。

組織にとってはいい迷惑。その集まりの雰囲気も、暗く淀むでしょう。

困ったことに、そうしているうちに「ゴマをする人」も出てきます。ネガティブな波動が響き合って、権力のおこぼれをもらいたい人が「家来」に志願してくるのです。

家来が増えると、今度は「家来にならない人」に対して、いまいましい氣持ちが出てきます。そこで、その人の居心地を悪くしようとする——要は「いじめ」に走ったりする。ネガティブな波動もここに極まれり、です。

ここまで来てしまうと、解除するのもかなり大変です。

でも考えてみたら、「裏の」ボスでいる必要、ありますか？　組織には決まったリーダーがいるのに、そのリーダーの方針が氣に入らないから、裏で牛耳るんですよね。

それならば、そんなややこしいことをするより、自分が表のリーダーになったほうが、話が早くないですか？　つまり、自分の組織を立ち上げてしまえばいいのです。
裏とはいえボスになれたのなら、それなりにリーダーシップはあるはずです。

ただ、自分の集まりを運営するということは、「その集まりを良くする」「メンバーを幸せにする」という責任が生じます。だから、これまで味わわなかったタイプの大変さがあるかもしれません。でも、したいことをしているなら、それも大きな喜びのなかの一部になります。もし、これを読んで「それ、自分かも……」と思う方がいたら、ぜひ検討してみてください。

任を負わずに権力だけを持つ裏のボスよりも、ずっと堂々と、晴れやかに生きることができますよ。あなたのことが大好きだった貧乏神も、撤収します。

● いつのまにか自分が貧乏神に!?

マウントよりもずっと地味ですが、「自覚しづらい」という特徴を持つ悪癖が、「悪口・陰口」です。

「あの人、すぐ誰かの悪口ばかり言うから、キラ～イ」なんて言ってませんか？ たぶん聞き手は心の中で「アンタもだ！」と全力で突っ込んでいます。

悪口がいけないと自覚しづらいのは、「だって本人が悪いんだから、悪いって言っ

ているだけじゃん」という正当化ができてしまうからです。

話題の主に欠点や問題がある場合、「まっとうな批判をしています！」という建前が、一応成立してしまうのです。

でも、言っているあなた自身の氣持ちはどうでしょうか？

本当にその人の問題を解決したくて言っているのか、単にうっぷんを晴らしたいだけか。その人や、自分や、仲間の幸せを願って言うのでなければ、ネガティブな波動が渦巻いて、貧乏神を喜ばせるだけです。


そこで、つい悪口が出そうになったら、「もし自分が、こんな風に陰で悪く言われたら？」と想像してみましょう。自分がされて嫌なことは、人にもしない。古くからある知恵を実践するのが一番です。


――ところで、氣づきましたか？

「自分がされて嫌なことを、人にしている」というのがどういう状態か。

それはあなた自身が、「誰かの貧乏神になっている」ということです。

だってその時、あなたは、誰かに嫌な思いをさせたり、自信をなくさせたりしたいわけでしょう？　マウントはもちろん、悪口だって、「私以外の人からも、あの人が悪く思われるといいな」という氣持ちがあるわけです。

貧乏神の「乗っ取り」が進むと、あなたが貧乏神化するんです……怖いですよね！

●相談に乗った後の「深追い」はしない

一方、親切のつもりで「やっちゃっている」ということもあります。

たとえば、あなたが誰かの悩み相談に乗り、何かしらアドバイスをしたとします。

その後、相手がアドバイスどおりにしたかどうか、ずーっと「監視」してはいないでしょうか？　「あれからどうなった？　言う通りにした？　まだなの？　ダメじゃない！」なんて、言っていませんか？

厳しい言い方になってしまいますが、それは「相手に言うことを聞かせたい」だけ。相手のためではなく、自分のためになっています。

相談事の中には、本人も「何度も口にするのは嫌だ」と思うような、繊細な事情の

ものもありますよね。とすると「ねえ、あれからどうなった？」としつこく聞かれるのも、本人にはシンドイことかもしれません。

ですから、いったん相談に乗っても「深追い」はしないこと。その後どうするかは相手が決めることですから、それを尊重しましょう。

あなたは、前と変わらない笑顔で接するだけで十分。何か言うにしても、「またいつでも、話聞くよ！」にとどめましょう。

なお、深追いの中にはタチの悪いもの――「貧乏神化」している人がやりがちな悪行があります。「相談に乗る」という体裁で、人の悩みを聞きながら内心面白がったり、さらには第三者に勝手にしゃべってゴシップにしたり、その時も抜かりなく「あの人のこと、心配してるのよ～」と、親切な人のフリをしたり。

こういう「親切な人の皮をかぶった貧乏神」にもしもなっていたら、急いで浮上しなくてはなりません。

●「笑う」は一番簡単な浮上法

貧乏神化している人に必要なのは、まず「私、嫌な人になってる」と氣づくこと。
これだけで大進歩です。浮上するのは、自覚するよりずっと簡単です。自覚さえできたら、あとはひたすら「ありがとう」を循環させればいいのです。

それから、「笑う」のもおすすめです。

誰かをバカにして笑うのではなく、自虐的に笑うのでもなく、楽しく笑うのです。

あなたの周りの人たちのなかに、きっと一人か二人は、ギャグや冗談を飛ばす人っているでしょう？　本でも漫画でもラジオでも構いません。

笑える話に出会った時、普段のあなたの反応が「クスッ」だったら、それを「ワハハ」にパワーアップしてみましょう。話し手を見て、口を開けて、声を出しましょう。

自分と、話し手と、その場にいるみんなの波動を、一氣に上げられます。

笑い声は最強の貧乏神さん除け。お腹の底から笑っている人のところに、貧乏神は近寄ることもできません。

嫌いな人、苦手な人に限界が来た時こそ、チャンス

●「恋愛運の悪さ」には理由がある

苦手なタイプの人が繰り返し現れることって、ありませんか?

恋愛関係にはとりわけ、その現象が起こりがちです。「毎回、支配的なタイプの人と付き合ってしまう」と悩んでいる人は、本当に多いです。

「最初は優しかったのに、付き合いだしてからだんだん変貌してしまった……」というのも、よく聞く話ですよね。

もしあなたにもこの現象が起こっているなら……ちょっとつらい話をしますが、聞いてください。**それはたぶん無意識に、そういう相手を求めているのです。「自分に欠けているもの」を持っている相手に、惹かれてしまうのです。**

たとえば、自分の意見をハッキリ言えないタイプの人が、ズバズバと発言するタイ

プの人と出会った時、最初は「私とは程遠いな」「苦手だな」と思うかもしれません。

でも、なぜか氣になってしまう。その人に「ラインＩＤ交換しようよ！」と言われたら応じてしまう。それは、自分にないものを持つ相手に憧れがあるからです。


ちなみにこの手の出会いは、見るからに「意見が言えないタイプ」と「ズバズバ言うタイプ」の組み合わせではないこともあります。

一見ハキハキしている人が、内心では「本当に言いたいことは言えていない」と自覚していたら、やはり同じことが起こります。

相手は相手で、一見穏やかな物腰であっても、内心には「相手を思い通りにしたい」という思いを抱いていることがあります。そうすると、「優しかったのに、付き合いだしてから変貌した」のパターンになるわけです。


つまり恋愛運の悪さは、自分の中にも一定の原因があって、相手の嫌なところを引き出してしまった、とも言えるのです。

あなたは悪くないし、つらいですよね。でも実は、大チャンスでもあるんですよ。

この時、福の神さんはあなたに、「そろそろ、変わろう！」と、メッセージを送っています。あなたの課題、たとえば「意見が言えない」という長年の課題を、もう克服できる時期ですよ、と知らせてくれているのです。

ですから、職場でも、家族でも友人関係でもいいから、今まで黙っていた場面で「私はこう思う」と発言してみましょう。

そして、困った恋人には、心の中で「ありがとう」を言って、お別れしましょう。

なぜそんな相手にまで「ありがとう」なのかって？　それは、あなたが変わるきっかけをくれた、「使者」だからです。本人にそのつもりがなくても。あなたを成長させてくれた「先生」です。

これまでの自分と、悪い恋愛運から卒業する。それが福の神様の望みです。

● 貧乏神の上映会に「ＮＯ！」を言う

行く先々でパワハラに遭うような方も、もうおわかりでしょう。

パワハラ上司に無理難題を課されても従ってしまう、強く出られないまま傷ついている、という場合、やはり無意識が響き合っています。強く出られないあなたの氣配を感じ取った上司が、「横暴にふるまいたい欲」を刺激されてしまうのです。

ですから、抜け出し方も恋愛の時と一緒です。

「私の課題に氣づかせてくれてありがとう」と感謝しながら、「いいえ、それは私の仕事ではないはずです」と、冷静かつ堂々と、権利を表明していいのです。それでもっとややこしいことになるような場合、恋人と同じく、場所を変える時かもしれません。あるいは神様に「お別れさせてくれてありがとうございます」の出番です。

ところで、貧乏神さんはこの一連の流れの中で、どんな役割を果たしているのか、氣になりますよね。

福の神が「卒業」を促すのに対して、貧乏神は、あなたが「変わらない」ことを望み、願っています。それはもう、熱烈に。

福の神は、ちょっとキツイやり方ではありますが、「あなたは、もっと良くなれる

んだよ」というメッセージを、繰り返し送ってくれています。

そのとき貧乏神は、「どうせお前は、同じことを繰り返すぞ〜」と、真逆の情報を入れてきます。あなたをダマして、同じ展開に陥ってほしいんです。


いわば、同じ映画を何度でも観たがるようなもの。名付けて「貧乏神再生モード」です。同じ展開、セリフも似たり寄ったり、結末も決まってアンハッピーエンド。

貧乏神は、そんな映画をいくらでも観たいのです。

「ハッピーエンドの定番」ならともかく、嫌な展開と嫌な結末が定番になっているシリーズ映画なんて、誰が観たいでしょう?

貧乏神さんだけですよね。あなただって観たくないはずです。


その上映会は、もうおしまいにしましょう。

「あなたは、もっと良くなれるよ」というメッセージを受け取って、今回は別の選択をする――マンネリの脚本を変えて、これまでと違う結末へと、進めばいいのです。

嫌なことが起きたら、すぐに好きな「次回予告」を流そう

●相手を「許そう」としなくていい

別の選択をする、脚本を変える、結末を変える。
……難しそうだと感じますか？　いいえ、今すぐできます。
あなたは今、この本を閉じることもできるし、読み続けることもできますよね。
今ある選択肢は、思っているよりもずっと多いのです。
どれを選ぶかによって、あなたの周波数が変わります。
これまでと違う行動をとることによって、これまでと違う世界に飛べます。

すでにご存じの通り、この世界には、高次なものから低次なものまで、あらゆる周波数の波動が飛んでいます。自分の周波数が上がれば、高次のメッセージを受け取れます。

苦手な人の登場などを通して、「同じことを繰り返せ」ではなく、「あなたは変われるよ」というメッセージが入ってきますし、良い方向に導いてもくれます。

ですから、これまでがどうあれ「先」を見ることが大切です。

自分を嫌な目に遭わせてきたあんな人・こんな人はもう、どうでもいいんです。

怒りや恨みを抱くのはNGということは、もうご存じですよね。復讐は天に任せればいい。同じく、「許そう」と頑張るのもやめましょう。

だって、それはそれで苦しいでしょう? 相手のこと、過去のことをいつまでも意識して、許せない自分が嫌になって……と、ネガティブな沼にはまる危険もあります。

許すか許さないかさえ、考えなくていいんです。

「こういう出来事がありましたとさ、終わり。さあ、次回は?」

——と、一回完結のドラマを見る要領で、意識を未来に向けましょう。

好きなドラマの「次回予告」を見る時って、ワクワクしますよね。あれを自分で流すんです。「次はどんな回にする?」を自分の好きなように考えて、イメージする。

その時あなたはもう、「これまでと違う世界」に飛べているのです。

●一寸先の未来には可能性しかない

切り替えが苦手だったり、難しい場合には、おすすめの方法があります。

ご先祖様のことを考えましょう。

大好きなおじいちゃんやおばあちゃんの思い出でもいいですし、もしいい思い出がないなら、もっともっと前のご先祖様に思いを馳せてみましょう。

こちらは知らなくても、あちらはあなたのことをよくご存じです。

ご先祖様は、神様の領域にいらっしゃいます。生前にどんな人生を送り、どんな価値観の方だったか、そんな細かいことは、とっくに超越した次元にいます。

今ご先祖様がいる次元にあるのは、限りない愛のみ。何代ものご先祖様が、天界からあなたを見て、あなたを幸せにしたいと願っていらっしゃいます。

あなたが落ち込んだり、怒ったり、「ひどいことをされた。でも、許さないと」とあくせくしている今この瞬間も、ご先祖様はあなたにメッセージを送っています。

あの手この手で、氣づきを促そうとしています。あなたの周波数によっては、キャッチできるかもしれませんよ。

「あ、今こそ変わりなさいって言ってくれているな……」

そのメッセージは、三日後に降ってくるかもしれない。明日かもしれない、一〇分後かもしれない。たった一寸先であっても、未来はいつでも、どんな状況でも、あなたを愛する無数の神様やご先祖様たちが、絶えずサインを投げ続けてくる世界です。

そのサインを受け取ることが楽しみになると、貧乏神の出番はありません。

一歩、踏み出しましょう。

第4章

健康のツキを回すおまじない

食べ物を「選ぶ」だけで運氣は上がる!

●「三度の食事」は神様とつながるチャンス

体って、不思議ですよね。自分そのものなのに、未知の部分がたくさんあるでしょう？　人は、自分の体の、ほんの一部分しか見ることができません。手や足なら直接目で見ることができるけれど、顔や背中は、鏡に映すか、写真や動画に撮らないと見えません。さらに体の内側の隅々がどんな風になっていてどう動いているのか、見るのは不可能です。

ほかにも、体は無数の、「見えないけれど、ある」もので満ちています。そんな僕たちの体が、どんな風に福の神様につながっているのか、そしてどんな時に貧乏神さんが寄ってきてしまうのか——この章では、その話をします。

貧乏神が一番寄ってきやすいタイミング、それはズバリ、食事の時間です。

早い話が、姿勢も悪く、美味しいとも思わず、体に悪いものばかり食べていると、貧乏神さんはホクホクしながら、あなたの背後に近づいて、肩にちょこんと乗っかってきます。

何年も、何十年も「美味しくないなぁ」「食事なんてどうでもいいや」と思いつつジャンクフードばかり食べているような人なら、自分自身が貧乏神化してしまうこともありえます。前章でお話ししましたよね。自分が貧乏神になって、人を嫌な氣分にさせてしまうことがある、という話。

「食べ物で、そんなことって起きるの？」と思うでしょうが、本当です。

なんとなく体の調子が悪くて、氣分が不安定で、イライラしていて、使う言葉も乱暴になったりして、人に当たったりしてしまう……という時には、最近の食生活を見直してみましょう。

あなたは、それらの食べ物で「満たされて」いるでしょうか？

「満たされる」ことは、運氣を上げる入口。

そして、「何を食べるか」は自分自身の選択。

皆さんは毎食毎食、「あなた自身」を満たす機会——つまり、神様とつながる機会を持っているんです。それなのに、適当に選んだもので済ませてチャンスを逃すなんて、もったいない！　**自分の体が、心が喜ぶものは何だろう、と毎回考えて、選ぶこと。**

これが、基本中の基本です。

●「それ、本当に食べたい？」

スーパーに行くと、通常の陳列棚から少し離れたところにワゴンがあって、特売品の野菜などが積まれていることがありますね。「おつとめ品」といった名前がついていて、三割引きや半額になっている、ちょっぴりくたびれた野菜たち。

あなたは、あの野菜を買いますか？　買うとしたら、どんな理由で買いますか？

「安いに越したことはないから」「割引シールがついているものを無意識に選ぶ」

なんて理由なら、少し残念。なぜならその時、自分や家族の体のことを考えて、選んでいないからです。

もちろん売っている以上、「体に悪い」とまでは言いません。

栄養価で言えば、通常の棚の新鮮なものより「ちょっと低い」程度でしょう。

でも運氣の点で言えば、新鮮さが失われて波動の低くなった野菜を食べるのは、やはりよろしくありません。

しかも、「美味しそう！」という氣持ちで手に取るのではなく、「あ、安い」だけで選んでいるので、運氣はおそらく、下がり氣味になるでしょう。

ですから、見るからにくたびれた割引の野菜などに手を伸ばす時には、一度考えてみてください。**「これ、本当に食べたい？」**と。

もし、「これはちょっと、安くてもわざわざ食べたくはない……」と感じたら、買わないほうがいいです。

では、別の理由であった場合はどうでしょう？

「私が買わなかったら、この野菜、廃棄されるの？」

「これを買えば、フードロスの解決に少しだけ役立てるかも」

「今日中に火を入れれば、全然問題なく美味しくいただけるはず」

と考えたのなら、こちらは**「買うべし！」**です。

環境のこと、地球のことを考えて、フードロスを防ぐ。これは貧乏神がすごく嫌がる「利他の精神」。あなたのそのポジティブな波動で、野菜の波動の低さは問題ではなくなります。**同じものでも、どう感じ、考えてそれを選ぶかによって、運氣が変わるんですね。**

ちなみに古い野菜と言えば、「最後の一個」に出会うことってあるでしょう？ 陳列棚に、少々萎《しな》びたアボカドが一個だけ、とか。

あなたはその日、どうしてもアボカドが食べたいと思っていたとします。

その時、「萎びているけれど、一個だけだし、しょうがないか……」と思いながら手に取るか、それとも、「ああ、一個残っててくれた！ ラッキー」と思うか。

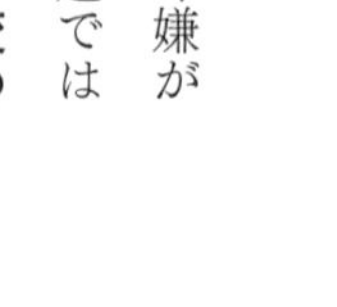

どちらが運氣アップになるかは、言わずともおわかりですね。

「ありがとう」の氣持ちで手に取るなら、そのアボカドは、あなたにとって「良いアボカド」です。逆に「仕方なしにイヤイヤ選ぶ」食べ物は、貧乏神を喜ばせます。

●自分で育ててみる

とは言いつつも、栄養価や美味しさの観点から言えば、やはり「新鮮な食材」は最高です。野菜なら、無農薬で、良い肥料を使ったものがあればなおベター。野菜から放たれる波動が、まったく変わってきます。

たまには奮発して、良質な野菜のお取り寄せなどをしてみるのもおすすめです。高級品でなくても、最近は少し形が悪いというだけの理由で一般ルートに出荷ができない新鮮な野菜を、ネットで安く入手することもできますね。

いっそ、自分でつくってみるのもいいでしょう。さすがに動物だと色々ハードルがありますが、植物ならば自分でつくることが十分可能です。最近は都市部でも「貸し出し菜園」がありますし、ベランダでトマトやハーブを育てることだってできます。

化学的なものを何も使わない、手づくりのとれたて野菜を、朝食のサラダに……なんて、とても心が満たされそうです。

実は僕自身も今、「自作の農園」というプランに夢中です。美味しい野菜をしょっちゅう食べているうちに、自分もつくってみたいという情熱が生まれてきたのです。トマト、スイカ、パパイヤ、色々なものを育てたい。大切に育てた野菜を、この手で一つひとつ収穫したい。ほかにもオリーブ畑をつくったり、コーヒー園を営んだり……と、夢はふくらむばかりです。

皆さんも、コーヒー園をやろうとまでは言いませんから、自分で食べるものを、自分で育ててみませんか？　野菜という命を育み、それが自分の体に入っていくことで、エネルギーの循環を、これまで以上にリアルに感じ取ることができます。

私たちの体には一〇〇兆の応援団がついている！

●人体という奇跡

体は無数の、「見えないけれど、ある」もので満ちている、と言いました。

これは比喩でも何でもありません。あなたの体には、無数の微生物がいます。皮膚の表面には「常在菌」と言われる菌がくっついています。その数、一平方センチメートルにつき一〇万個以上。びっしりくっついている、と言ってもいい状態ですね。そして腸にはご存じの通り、一〇〇兆個の「腸内細菌」がいます。

体は、あなたひとりの命の入れ物ではなく、おびただしい数の命を運ぶ船です。

しかも、ただ「乗せてあげている」のではありません。微生物たちは消化を助けたり、免疫機能に一役買ったりと、あなたの命を維持するために欠かせない役割を果たしています。あなたは、微生物のおかげで生かされているのです。

微生物も、あなたがいなければ生きていけません。つまりは、共生関係。人体は無数の命による、共存共栄の集合体でもあるのです。

もう一つ、忘れてはならないことがあります。

その微生物たちは、一つ残らず「あなたを好きな微生物」だということです。

外からやってきて、あなたの体に棲むことに決めた、一緒に生きることを選んでくれた、そういう存在です。

いわば、一〇〇兆の応援団！　体内にいるもの、体表にくっついているもの、皮膚の近くを漂うもの、その中に、あなたを嫌いな微生物は、一個たりとも存在しません。

では微生物たちは、あなたの何に引き寄せられて、あなたを選んだのでしょうか。

それは、今のあなたの波動、エネルギーです。

微生物の一つひとつにも波動があると考えれば、同じ周波数のものが寄ってくる、自分がネガティブなエネルギーを放てばネガティブな微生物が棲みつく、と僕は思っています。

逆に、ポジティブな波動を放っている時は、ポジティブな微生物が来てくれる……。

あまりに壮大な（というか、細かい！）話ですが、そう考えてみると、自分の応援団をしてくれている微生物たちのためにも、ちょっと体にいい食べ物を選んでみようかな？　生活を見直してみようかな？　という氣持ちになってきませんか？

体の一部を構成する微生物たちにまで感謝して、氣遣いを始めたら、貧乏神さんは大ピンチ。いてもたってもいられません。

● 宇宙から見たら人間も微生物

微生物というミクロの世界も、福の神様の宇宙というマクロの世界も、僕たちは肉眼で見ることができません。しかし、そのどちらもがあなたを愛し、あなたの命を守る存在です。

目に見える世界だけを意識して過ごしていると、日々のこまごました雑事に取り紛れ、イライラしたり、退屈したり、孤独を感じたりしてしまうもの。

そんな時を狙って、貧乏神が「お邪魔しまーす」とやってきます。

目を閉じて、ミクロとマクロの世界を想像してみましょう。

地図アプリの縮尺を指で押し広げる感覚で、とことん、とことん拡大。ミクロの世界が見えてきましたね。そこに分け入っていくと……。

そこは、一〇〇兆の微生物が生きる、腸の中。一つひとつが命の波動を放ち、善玉菌、悪玉菌、日和見《ひよりみ》菌がせめぎ合っています。いわば、一つの小宇宙です。

次に、縮尺をとことん、とことん縮めて、マクロの世界へ飛びましょう。みるみる日本が見えなくなり、地球も小さな点になり、太陽系も銀河系の一粒となり、その銀河系も、いくつもの銀河の一つとなり……そこは果てしない宇宙空間。

その視野で見ると、今度は、人間が微生物です。

ポジティブな波動のものあり、ネガティブな波動のものあり。それぞれが極小の命を携えて、小さく細かく動いています。

おそらくは腸内細菌のように、善玉・悪玉・日和見のバランスが、人間界にもある

のでしょう。あなたがもし善玉菌なら、ほかの善玉菌もきっと寄ってきます。悪玉菌なら、悪玉菌同士が寄り集まります。ちなみに腸内細菌のベストバランスは、善玉2：悪玉1：日和見7だそうです。悪玉菌が1割以上になると、日和見菌も一挙に悪いほうに流れ、健康が損なわれるのです。

あなたは、宇宙の微生物として、どの立ち位置にいるでしょうか？

この世界を美しく健やかに保てる生き方をしたいですね。

ちょっぴり贅沢な日用品で結界を張ろう

●麻は「結界」になる!?

身の回りにどんな物を置くか、どんな生活用品を使うか。これも、波動に大きく影響します。生物だけでなく、物にも、その素材が放つ「氣」があるからです。いい「氣」の流れるところには、貧乏神は入ってきません。

僕が今ハマっているのは、麻素材の品々。

麻には古来、魔除けの力があると言われています。神社にお参りをする時、大きな鈴を鳴らしますね。あの鈴についている紐は、麻でつくられています。

神主さんがお祓いの際に振る「祓串《はらえぐし》」にも。あの紙の束（「紙垂《しで》」といいます）は麻紐でまとめられていますし、麻だけを使った祓串もあります。

そして、麻は「しめ縄」の材料にもなります。しめ縄には「ここから先は神域」という、境界線を示す役割があります。悪いものが入ってこないよう、結界を張っているのです。

そんなことを知って、僕は二〇二二年の夏、麻製の「蚊帳《かや》」を買いました。少々お値段は張りましたが、**「ピン」**ときたので迷わず購入。寝室に吊って、中で寝てみると……。

控えめに言って、とにかくすごい。

麻の織り目を通して、清浄な氣が、小さな渦を巻いて入ってくるのを感じました。

四角い空間の中で、小さい、小さいエネルギーの循環が無数に起こるのです。

以来、前にも増して熟睡できるようになり、寝覚めもスッキリ。

清浄な氣の空間をつくるだけで、こんなにも体調が変わることに驚いています。

これはもう、「蚊を除けるためのもの」にとどまりません。まさに結界。

「エネルギー充溢空間をつくる装置」です。

そういうわけで、蚊のいない春も秋も冬も三六五日使おう、と決めています。


ひと昔前の家庭では、蚊帳と言えば夏の風物詩。エアコン普及前はみんな窓を開けて寝ていたので、その中で蚊帳を吊り、蚊に刺されないようにしていたわけです。

つまり、意識レベルでの目的は「蚊除け」。しかし潜在意識レベルでは、「魔除け」の意味合いもあったのではないか、と思えてなりません。

興味のある方はぜひ一度、試してみてください。吊るす際は壁に穴を空けなくとも、粘着フックで十分持ちこたえられる軽さです。色々なサイズがそろっていますから、お部屋のサイズが小さくても大丈夫です。

●良質な自然素材を身にまとおう

蚊帳よりお手軽なものをお望みでしたら、麻製のシーツやパジャマもおすすめです。
睡眠中は「意識」がお休みして、潜在意識が働く時間。
意識が目覚めている間は、どうしても思考が巡ってしまいます。
ひとりの頭の中で色々考えてしまって、神様のメッセージも届きづらくなりがち。
でも眠っている間は、神様とつながりやすくなります。
そんな時こそ麻を身に着けて、貧乏神の「ノイズ」をシャットアウトしましょう。

もちろん、昼間でもOK。麻のコースターを使ってお茶を飲んだり、絵を飾る時に麻紐で吊るしたり。麻製の服やストールを身にまとって、お出かけするのもいいですね。肌着ももちろんアリ。
麻製品は、夏に身に着けると涼しく、冬は暖かいのも良いところです。となると「腹巻」などもいいですね。お腹が冷えやすい人には、必需品になりそうです。腸内細菌も、喜ぶことでしょう。

服と言えば、染料の「藍」も素晴らしい素材です。

藍には抗菌や消臭、防虫の効果もあり、良質な藍染の服を身に着けると、アトピー性皮膚炎の改善効果があるという説もあります。古くは、痛み止めや、火傷《やけど》の手当てに使う薬草としても活用されていたそう。

藍染の原料はタデアイという植物で、これを染料として生地を染めます。植物が原料のため肌に優しく、麻や綿など同じく天然繊維の生地をよく染めます。

藍染の起源は古く、古代文明のころにはすでに藍染の技術があったと言われています。人間の「自然と生きる知恵」が詰まっているのですね。

これまで藍や藍染めについて考えたこともなかった人もいらっしゃると思いますが、もし興味を持たれたら、ぜひ調べてみてください。37ページでお話しした通り、貧乏神さんはあなたが「好奇心」を持つのを嫌がります。

良質な自然素材を身にまとうのは、強力な鎧《よろい》のように「魔除け」になります。本物の鎧と違って、軽やかでオシャレなのも嬉しいですね。

皆さんも、麻グッズ、職人の手仕事から生まれたマグカップ、最新技術を駆使したお布団など、何か**「一点、よいもの」**を取り入れて、波動を上げてみませんか？

触れて嬉しいものは心も健康にし、喜びの波動は肉体の健康も招きます。

健康の秘訣は「自分の体と相談する」こと

●真面目すぎる人の健康運が危険!?

貧乏神は「真面目な人」が好き、と序章でお話ししたのを覚えていますか？

とりわけ健康運については、なんと、真面目な人は貧乏神さんに狙われやすい傾向があります。真面目な人はこれを読んでびっくりしているかもしれませんね！

その理由は、真面目な人は、病にならないために「頑張ってしまう」からです。

健康診断のデータを見て、数値に一喜一憂。動脈硬化になったらどうしよう、心筋梗塞になったらどうしよう、ガンになったらどうしよう……と心配します。

そして、食べたいものを我慢したり、したくもない運動をしたりします。
この「我慢」が、貧乏神のごはんになって、かえって健康を損ねてしまう人がいるのです。病にならないように頑張ることが、病を引き寄せてしまう。皮肉ですね。

この現象は、潜在意識の観点からも説明できます。真面目な人の「意識」をのぞいてみると、きっと「病になりたくない」という思いが渦巻いているはず。
ではこの人の「潜在意識」はというと……潜在意識には文章はありません。イメージがあるだけです。ですから「病」のイメージだけが、何度も何度も繰り返されます。

潜在意識には、その中で起こるイメージと、現実とのギャップを埋めようとする性質があります。つまり、「病のイメージが繰り返し出てくるけれど、この人、病じゃないな？　じゃあ、病にしないと！」と思ってしまうのです。困ったものです。

ですから「病になるかも」なんて、考えすぎないほうがいいのです。

イメージするなら、「元氣」を思い浮かべるのが正解。「今年も元氣でいたいな」「年

をとっても、シャキシャキ歩いていたいな」という風に。

元氣な自分をたくさんイメージして、健康運を引き寄せましょう！

●「美味しい！」を最優先に

健康診断の数値にも、振り回されないほうがいいでしょう。

僕はフリー稼業なので、会社のように決められた定期健診を受けることがありません。ですから長らく、受けていません。でも、今日もいたって元氣です。

良質な食材にはこだわりますが、栄養バランスなどは正直、氣にしません。

だって、「規則」が多すぎますから……。

「一日に野菜を〇〇グラム食べる」「一日に〇品目とらないとダメ」「肉の日より魚の日を増やすべし」などなど、全部に従うの、大変じゃないですか？

同じ理由で、食べる順番にも無頓着です。

「野菜から食べて、その次がタンパク質で、炭水化物は最後に」という規則を真面目に守っている方、案外多いですよね。**僕としては、そんなことに思考を割かずに、た**

だただ「美味しい!」で心満たされるほうが、ずっと近道なのになあ、と思います。

「塩分、糖分をとりすぎちゃダメ」の類もあまり氣にしません。

もちろん、明らかに過剰な摂取はよろしくないですし、すでに診断されている方は守るべきラインがありますが、「塩分は一日に○グラム以内」といった理想を常に氣にして控えていたら美味しくないでしょう? 「もうちょっと塩が利いてたらいいのになあ」と思いながら食べる食事なんて、文字通り、味氣なさすぎます。

お医者さんには渋い顔をされるかもしれないけれど、明らかなNGラインさえ踏まなければ、数値よりも何よりも、体が求めているものを食べるのがベストな健康法だと思います。我慢や不安が貧乏神さんの好物であることからしても、「美味しい!」は最優先事項です。具体的な課題があれば、それに合った「美味しい」を追求しましょう。

●健康情報の「鵜呑み」はNG

運動についても、まったく同じ考え方です。

一日に何歩歩きましょう、週に何時間は運動しましょう、とこれまた規則ずくめ。これを真面目に受け取って「○○すべき」「○○せねば」思考になると、またまた貧乏神さんが寄ってきてしまいます。

僕にとっての運動は、「行ってみたいな、と思うところに行くこと」。
森の中を散策したり、山に登ったり。霊性が高いと言われる藤の名所を巡ったり。
そしてもちろん、全国津々浦々の神社参拝。
神氣にあふれた神社は山の上にあることが多く、参拝するだけでもかなりの運動量になります。神様に会いにいって、健康をいただいているような氣持ちになります。

こんな風に、食事も運動も、「したいことをする」「自然にする」のが一番。巷《ちまた》にあふれるさまざまなルールや健康ハックに縛られなくていいんです。

世の中にあふれる健康情報、「○○を食べると血圧が下がる」などにも、振り回されすぎないように。誰かの話を鵜呑みにして従うのは、「自分の軸」を後回しにしているということです。後回しグセがつくと、やがて軸がぼやけて、健康が人任せになるばかりか、「したいこと」が何だったかすらもわからなくなってしまいます。

したいことが見えているうちに、「これを食べたい」「これをしたい」を、大いに実践しましょう。健康運のカギを握るのは「よくわからない他者からの情報」よりも「自分の体と相談すること」です。前向きな姿勢で、貧乏神さんを撃退しましょう！

「水の音」で龍神様を喜ばせよう

●「眠れない」時の秘策

音にも、氣を整えるもの、乱すもの、さまざまなものがあります。

音楽にも、安らぐ曲もあれば、高揚感を高めるもの、色々ありますね。

もっとも安らぐ音楽と言えば、「眠れる音楽」ってあるでしょう？

脳波をリラックスさせるヘルツ数の音を聴くうち、自然と睡魔がやってくる仕掛け。音楽だけでなく、雨音や滝の音、炎がパチパチとはぜる音などを流すものもあります。

夜遅くまで仕事をして、頭が興奮している時にあの音を聴くと、よく眠れるんですよね。実は僕も、そうした曲をつくって、皆さんにお届けしています。

ところが、たま～に、それを聴いても眠れない方がいるんですよね。

これも「真面目」のせいで、貧乏神にイタズラされているのです。

「早く眠らなくては」「明日も早いのに」「このまま眠れなかったらどうしよう」「明日寝過ごしたらどうしよう」

……と、グルグル考えて焦ってしまい、かえって眠れなくなっているのです。

そんな方へ、おすすめの入眠方法があります。

「眠れる音楽」を聴きながら、「絶対に最後まで起きて聴かなくっちゃ」と頑張ってみましょう！　「真面目」に傾きがちな思考を、逆手に取るのです。

「起きていないと」「眠っちゃったらどうしよう」なんて思っていたら、あら不思議。

コトンと眠れるんです。体が疲れていればなおさら効果てきめん。今夜から、ぜひお

試しを。睡眠お邪魔虫の貧乏神さんに「フェイント」をかけてやりましょう。

● 家の中に、水の流れをつくる

「自然の音」を心地よく感じるのは、日本人だけが持つ感性なのだそうです。

雨音、川のせせらぎ、潮騒、木の葉が風に吹かれて擦れる音、虫の声、鳥の声。

外国の方々はこれを聞いても、ただのノイズだとしか感じない、と聞いたことがあります。

「本当に？」と驚いてしまいますが、たしかに日本人は、「人工物」にも自然の音を組み入れるのが好きだな、と感じます。


たとえば「ししおどし」。若い方はご存じないでしょうか？

竹筒に水がチョロチョロと入っていって、満杯になったら竹が傾いて水を排出し、空っぽになって元の位置に戻る時に、「カーン」と氣持ちよい音を立てる、あの装置です。もともとは農家で、作物に近づこうとする鹿などを、音で驚かせて追い払うためにつくられたものだったとか。

今は、主に「音を楽しむ」ものとして使われています。竹筒の立てる音はもちろん、絶えず注がれる水音も、癒やし効果大です。

水の音は、人を癒やすだけでなく、「龍神様」を喜ばせるものでもあります。なぜなら龍神様は「水の神様」だからです。

ですから、家の中に何か一つ、水の流れをつくってみるのはとてもおすすめ。

現代の家に「ししおどし」を設えるのは大変ですが、「ミニ噴水」なら、市販されているものがたくさんあります。

卓上型の小ぶりなものが多いですし、ときどき水を入れ替えるだけなので手入れも簡単。滝の流れるようなデザインになっているものもあって、目でも楽しめます。

ちなみに僕の家にも、水の流れがあります。

それは、愛猫「くくる」のための水飲み器。給水タンクから常に細く水が出る、これまたミニ噴水のようなものです。

美味しい水が飲めるくくる、かすかな水音に心安らぐ僕、そして龍神様。猫も人も

神様も喜ぶ「水の流れ」で、運氣も相乗的に上がっていきそうです。

火花、行き当たりバッチリ、メビウスの輪

●「一瞬の無我」を味方につける

宇宙と調和し、神様とつながるための状態、「ニュートラル」。

これは言い換えると、自我を捨てた状態です。難しいと感じますよね。確かにその通り。「自我を捨てる」なんて、一分と続かないでしょう。

でも「『プチ解脱』のすすめ」（52ページ）でお話しした通り、「一瞬」ならば、誰にでもできます。

「一瞬じゃ意味ないでしょ？」と思うかもしれませんが、そんなことはありません。

一瞬、というと、秒にすると〇・〇一秒くらいでしょうか？

この秒とか分とか「一日は二四時間」などの「時間」って、僕たちが生きる「三次

元空間」のものなんです。神様の世界には、時間はありません。

だから、連続させなくてもいいんです。

「一瞬」を何回も重ねれば、そのつど、神様とつながります。

美しい音の響きや美しい光景、氣持ちの良い一陣の風にハッとした瞬間、自分のことって忘れていますよね。

ほかにもたくさんたくさん、「一瞬飛べる」方法があります。

●火花の力で邪氣祓い

たとえば、火打石。

時代劇などで、おかみさんが旦那さんに「行ってらっしゃい！」と言いながら、カンカンカン、と石を叩くシーンを見たことがあるでしょう。

あれはもちろん、旦那さんに火をつけるためではなく（笑）、魔除けが目的。外で危ない目に遭わないように、いいことがあるように、という願いが込められています。

現代でも高級な料亭などに行くと、帰りしなに女将が叩いてくださいます。

火打石を叩いて魔除けをすることを「切り火祓い」といいます。火花には邪氣を祓う効果があるとされており、人だけでなく、その場の空氣や水も清められます。

人にしてもらうのもいいですが、自分でやっても効果は同じです。

氣分を変えたい時や、ここ一番の大仕事に臨む時に、試してみてはどうでしょう。

自分に火がつかないよう、少し体から離してカンカンカンと叩くと、氣がガラリと変わります。火打石は、パワーストーンのお店で手に入ります。魔除け効果がとりわけ高いのは「メノウ」という石です。

火打石はちょっとハードルが高いという方のために、「簡易版」も紹介しておきましょう。コンビニでも簡単に買える、一〇〇円ライター。火がつく時にカチッと鳴るのは、実は火打石が使われているからです。

火の力で邪氣を祓うという点では、同じ効果があると見ていいでしょう。

お出かけ前に何度か鳴らしてみると、きっといいことがあります。もちろんこの時も、「火の用心」を心がけてくださいね。

●「行き当たりバッチリ」

道具要らず、体一つでできる一瞬ワザもあります。

僕が「ここ一番」の時にしているのは、両手で自分のほっぺたをパンパンパン！と三度叩くこと。これで、氣合いが入ります。セミナーなどで大勢の方を前に話したり、ユーチューブでのライブで舞台に上がったりする前には、必ずやっています。


本来なら、僕は人前でパフォーマンスをするなんて、とてもできないタイプ。人見知りで緊張しやすい性質なのです。

でも「緊張」ってそもそも、自分を意識するから起こるんですよね。「失敗したら恥ずかしいな」「変だと思われるかな」と、自我に意識が向いているわけです。

パンパンパン！　には、その自意識を「一瞬飛ばす」効果があります。

痛いのが欠点ですが、その刺激で、メンタルが切り替わります。

人見知りやあがり症の方はぜひ、やってみてください。人前でスピーチする時、楽

器を演奏する時、会社で大事なプレゼンがある時などに最適です。こういう切り替えのワザを持っていると、貧乏神さんは舌打ちして去っていってくれますよ。

「一瞬切り替わって、また緊張に舞い戻ってしまったりしない？」

という心配はご無用。ほんの一瞬、大きな力とつながった時に、「自分はできる」という「芯」ができるのです。

それに、「できる」って、「必ず成功する」ということだけではありません。

本番中でも、「大丈夫かな、うまくいくかな」というドキドキがよみがえってくることは確かにあるのですが、それさえも楽しめるモードに入っているのです。

ドキドキしたまま、とにかくやろうと思えるのです。

ああしようか、こうしようか、こっちのほうがいいか……という迷う氣持ちも消えて、あとは前に進むのみ。

すると結果的に、本当にうまくいってしまうのです。

名付けて「行き当たりバッチリ」。

神様と一瞬つながってしまえば、頭で色々考えなくても、行き当たりバッチリにしかならないものなんですね。

ちなみに、この「行き当たりバッチリ」はお出かけや旅行の際にもぜひ思い出していただきたい言葉です。「十分に計画を立てられていない」「食事をするお店の予約がとれていない」……そんな悩みは無用です！　氣の向くまま、足の向くまま動いてみることは、あなたの五感を研ぎ澄まし、直感を冴えさせて、運氣を上げます。

何が起こるかわからない冒険にワクワクし、多少のハプニングも楽しんでしまうようなメンタルを手に入れれば、貧乏神はタジタジ。「出番なし！」と見切りをつけてくれます。

●いつでもどこでも、メビウスの環

「メビウスの環」をご存じですか？

無限大のマークのように、8の字形に循環する環です。

すべてのエネルギーも、「循環させる」ことが不可欠でしたね。ですから無限大の

イメージを描きながら、手元にあるエネルギーを回してみてください。

ボーッとする前に、手持ち無沙汰な時に、あるいは焦ったり、行き詰まりを感じたりした時に。いつでもどこでもできるおまじないです。

やり方は自由です。空中に指先で描くのもよし、水に描いてみるのもよし。お風呂の中で、ふと思い出してやってみるのもいいですね。

頭の中で、メビウスの環をイメージするだけでもOKです。

頭の中で水面を思い浮かべて、そこに描いているのを想像するだけでも、エネルギーが活性化します。

その時の氣分に合わせて、水や空氣を、頭の中のイメージを、8の字形に流してみましょう。環の方向も、横でも縦でも斜めでも構いません。

この「一瞬ワザ」も、龍神様に喜んでいただけます。

龍神様の一番好きな数字は「8」。しかも、龍神様は「流れ」そのもの。神様の使いとして、止まることなく、エネルギーを八方に届けている龍神様と、ピタリとシンクロできるのです。

逆に、貧乏神さんは「止まっているもの」が好きで、流れや循環は大嫌い。メビウスの輪なんて描かれたら、ニンニクを見たドラキュラのようにゾッとすることでしょう（さて、本書で紹介した「腹が立った時のおまじない」はなんだったでしょうか？ヒントは「ニンニク」です！）。

いつでもどこでも無限の流れを描いて、貧乏神さんに退散していただきましょう。入れ替わりで龍神様がいらして、あなたを守ってくださいます。

死後に振り返って「楽しかった！」と言える人生にする！

●生き物によって異なる寿命

夏になると、セミの声があちこちから聞こえてきますね。

セミが地上で生きる期間は、わずか七日間。

「はかない命だなぁ」と思うこと、ありませんか？

でも考えてみたら、セミの生涯の「メイン」って、地中にいる五年間なんですよね。

彼らにとって、土の中で過ごした日々こそが人生（セミ生？）なんです。

地上に出る時は「本番開始」ではなくて、むしろエピローグ。

「ああ、お迎えが来たかぁ」「うん、悔いなし、生き切った！」なんて思っているかも。


もしかすると、「四十九日」のような感覚かもしれません。すでに生涯を終えて、生まれ変わるまでの時を過ごしながら、「ああ、あんなこともあったな」「こんなこともあったな」「いい一生だったな」……と思っているのではないでしょうか。

もちろん「子孫づくり」という最後の大仕事もあるわけですが、氣持ちとしては、振り返りモードなのでは……なんてことを想像すると、ちょっと面白いですよね。

● 人生の「おさらいツアー」

なぜ、こんな話をしたのか、わかりましたか？

それは、僕たちもいつか必ず、死後の世界に行くからです。

どんなに健康な人でも、病に冒されなくても、いつかは老衰でこの世とお別れする日がやってきます。

人生が終わってから、「向こうの世界」に行くまでに、仏教で言えば四十九日のような、「ブランク期間」があるとします。

その時あなたは、どんな風に人生を振り返るでしょうか。

死後の世界はこの三次元空間とは別世界です。つまり、時間の概念はなくなります。あなたは五歳の自分にも、二〇歳の自分にも、八〇歳の自分にも会えます。

「じゃ、いつの自分を見ようかな?」なんて考えたりもできるわけです。

「ああ、このころはまだ、貧乏神に好かれていたなぁ」

「そうだ、この時から変わったんだ」

「面白いこと、いっぱいあったなぁ……」

そんな「おさらいツアー」、楽しそうですよね。

逆に、その内容が楽しいものでなかったら、悲しいし、嫌ですよね。

肉体を持って生きていた間、一つところにとどまって、新しい体験もせず、楽しいことも味わわず、ワクワクもせずに終わってしまった人生を振り返っても、つまりません。

心配ばかり、後悔ばかりの人生、そのどこを振り返っても、貧乏神さんが肩にちょこんと乗って「ヘッヘッヘッ」と笑っていたら、「アンタのせいで！」と叫びたくなってしまうかもしれません。

だからこそ、今から、ここから、人生を変えましょう。

あなたの前にあるいくつもの選択肢から、幸せな人生になる選択を、つかみとっていきましょう。

結章

貧乏神さんを笑顔で送り出す

「今を楽しむ」積み重ねをしよう

貧乏神さんに退散していただくさまざまな方法を、ここまで語ってきました。

改めて思うに、貧乏神さんって、「人」にしかくっついてこないんですね。

福の神様の大きな愛の世界に生きているはずなのに、なぜか心満たされず、淀んだ氣持ちになるのって、人間だけじゃないでしょうか。


この間、足元の土を見ると、アリの集団がせわしなく動いていました。

「ああ、アリンコって、悩んでないな」と思いました。

ただ、「生きる」ことだけ考えている。いや、考えてさえいない。

ただ、生きている。そこに迷いがない。 そんな印象を持ちました。

「ここにこの巣をつくって、なんか意味あるのかな」

「なんで毎日働かないといけないのかな」

なんて思っていたら、きっとあの歩みは止まってしまうでしょう。
きっとアリ以外の虫も、動物も植物も、迷いなく今日を生きているのでしょう。

なぜ人間だけ、悩んだり迷ったり、してしまうのでしょうか？
何十年も迷った末に、幸せに生きられる道を見つけられたらいいけれど、結局見つからずに一生を終えてしまう人もいるかと思うと、悲しいですね。

でもきっと、その答えって、出ないんです。
自分の生きる道はこれだ！　と言えるような究極的な「正解」なんて、誰にも出せません。僕も、僕自身の究極的な正解を知っているわけではありません。
ただ、「今」を夢中で、止まらずに生きている。これだけです。

それでいいと思うんです。やりたいことが変わったり、興味の幅が広がったり、その先でさらに面白いことに出会ったりしていくことが、人間として「生きている」ということなんです、きっとね。

過去にとらわれず、未来を不安に思わず、「今」を楽しみ続けていたら、最後に振り返った時に「いい人生」になっている、それが一番です。

その人生に、貧乏神の居場所はない。そう僕は思います。

過去の「ダメな私」に笑ってさよなら

「過去にとらわれず」と言ったけれど、これまた、多くの人がとらわれてしまいがちなポイントです。

はるか昔にやらかしてしまった失敗や、恥ずかしい行動がフッと頭によみがえって、「ああ〜!」なんて叫んじゃうこと、よくありますよね。

でも、考えてみてください。

今、恥ずかしいと思っているということは、あなたはもう、あの日、あの時のあなたではない証拠です。

過去は変えられないけれど、その時より成長している今のあなたなら、次は、もっといい選択ができるでしょう？

そう考えると、失敗させてくれた経験に、「ありがとう」と言ってもいいのではないでしょうか。

「おかげで変われたよ、嫌な思い出、さようなら！」って、笑って手を振ればいいのではないでしょうか。

過去に出会った「嫌な人」に関しても同じことが言えます。

たとえば、かつて自分を苦しめたパワハラ上司。その上司と会ったことで、あなたはきっと、変われたはずです。

「私は、人にこんな言い方をしない」と決めたとか、「私も黙って従ってないで、言いたいことを言おう」と思えるようになったとか、「こういうタイプの人は要注意」とすぐわかるようになったとか。

だとしたら、やっぱり「ありがとう」です。

すると、恨みつらみに満ちた思い出と、笑ってさよならできます。

「悪いこと」は、必ずこんな風に、「いいこと」につながっていくしくみになっていくのが、福の神が司る宇宙の法則です。

それに氣づいて、「ありがとう、さようなら」を言えたら、あなたはもっと、変わることができます。

さらに言えば、今、つらいことがあっても、「これが先々、いいことになる」という考え方もできます。

嫌な出来事、苦しい逆境、ダメに思える自分。そのすべてが「いいこと」につながって、いつか笑って手を振れる過去になるのです。

そう信じましょう、というより、氣づきましょう。

人は本来、「幸せにしかなれない」のです。

貧乏神さん、ありがとう！

さて、今言った話は、貧乏神にもそっくりあてはまる、と氣づきましたか？

ここまで読んできたあなたはきっと、

「ああ、私には、長年貧乏神さんがついていた」

「あの時に、貧乏神さんを引き寄せてしまっていたんだ」

と理解できましたね。そして今、そこから抜け出そうとしています。

そのきっかけをくれて「ありがとう！」と言いましょう。

こう言われて貧乏神さんは、どう思うでしょう？

喜びません。「ありがとう」は大嫌いですから。

きっと、ゾ〜ッとするでしょう。

逆をやってはいけません。「貧乏神、大嫌い、出ていけ……！」と恨んでいたら、その負の感情をホクホクしながら食べ続けます。

「お願いします、出ていってください……どうかどうか」と懇願するのもＮＧです。困っている、うんざりしている、という氣を、「大歓迎されている！」と勘違いしてしまいますから。

まずは、「貧乏神さん、あなたがそこにいるって、私わかったよ」と、笑顔で伝えましょう。

すると貧乏神は「あ、バレた」と、舌をチョロリと出すでしょう。

その直後、「でも、なんで笑顔なんだ⁉」と、不氣味に思うでしょう。

そして焦ります。「もうちょっといさせてくれよ～」とばかりに、嫌な出来事の一つや二つ、投げつけてくるかもしれません。

そんな時は「ハッハッハ」と笑い飛ばしましょう。それは、「あなたを怖がっていないよ」というメッセージ。ますます貧乏神は、追い詰められます。

そこへ、必殺技の「ありがとう」です。これがバズーカなみに効きます。

最後に笑顔でひとこと。

「さようなら！　お元気で！」

これで、完全に貧乏神は退散します。

「もう、この人間はこりごりだ！」と思ってくれるでしょう。

最強開運習慣「神様の幸せ」を願う

「最後の『お元気で』は要らなくない？」

と思ったでしょうか？

いいえ。これは貧乏神さんがもっとも苦手とする「利他」の言葉です。

自分の幸せを願われたりしたら、そのキラキラしたエネルギーに、さぞかし虫唾が走ることでしょう。

とことん懲りてくれるので、この先もそう簡単には寄り付きません。

このひとことも、ある意味「魔除け」になるのです。


さあ、貧乏神さんが完全に去った今――僕の話も、終わりに近づきました。

最後に、「神様の幸せを願う」ことについて、もうひとこと、お話ししますね。


僕は、福の神様や龍神様、すべての神様の幸せを願っています。

人間ごときがおこがましい、なんて思いません。

人の幸せをいつも願っている神様は、人間が苦しんでいたら苦しいし、笑っていたら嬉しいのです。

だから僕も、神様が幸せでいてくれるような生き方をしたいし、そんな地球・そんな宇宙であってほしいと願わずにいられないのです。


神社に参拝する時は、いつも、それを祈ります。

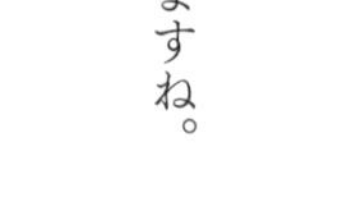

いつものように「ありがとうございます」と感謝したあと、こう祝詞を述べます。

「天界、地界、人界、すべてに良いことが雪崩《なだれ》のごとく起こります、弥栄《いやさか》」

神様も人間も、動物も植物も非生物も、すべて幸せでありますように。

そして、この本を読んでくださったあなたも。

あなたのこれからの人生に、良いことが流れ星のように、たくさんたくさん降り注ぎますように！

話題や方向を変えることで、流れをチェンジ！

「××（上司）が嫌い」	▶「○○（同期）が好き！」
「私には××（お金）がない」	▶「私には○○（時間／好きなこと）がある」
「私は××（算数）が苦手」	▶「私は○○（美術）が得意！　好き！」
「××（資料作成）したくない」	▶「○○（ワードを開く）だけでもやってみよう」
「××（旅行）したいけど、無理」	▶「○○（ツアー探し）から始めてみるか」
「××したかった（夕飯はシチューがよかった）のに、叶わなかった（牛乳を買い忘れた）」	▶「代わりに何ができるかな？（新メニューにチャレンジしよう）」
「○○ができるようにならない」	▶「○○のこの部分はできるようになった！」
「もうダメ。どうにもならない」	▶「困っているんだけど、助けてくれない？」
「いいことが起きない」	▶「誰かにいいことをプレゼントしてみよう！」
「あなたのここが悪いから直して」	▶「あなたのここが長所だから伸ばして！」

貧乏神退散！ 言葉の置き換えリスト

ここでは、日常で使うことで貧乏神さんを撃退できる言葉を紹介します。やることは、普段使っている言葉を置き換えるだけ！

意識して置き換えているうちに、すぐクセになって、自然に発想から変わっていくおまじないです。

使う言葉や表現を変えることで、運氣アップ！

「すみません……」	▶「ありがとう（ございます）！」
「でも」「違う」	▶「なるほど！　他の考え方としては……」
「自分はダメな人」	▶「寝て起きて食べているだけで偉い！」
「○○さんが妬ましい」	▶「○○さんのココは正直すごい」
「意地悪されたから仕返ししたい」	▶「にんにくはらみつ！　あとは神様にお任せ」
「はーあ（ため息）。最悪……」	▶「ふー（深呼吸）。さて、悪いことはおしまい！」
「どうせやっても無駄」	▶「とりあえずやってから考えよう」
「困ったな……（眠れない）」	▶「（眠れなくても）今日はいいや！死ぬわけじゃない！」
「○○できない！」	▶「○○できるようになったらコレをしたい！」

おわりに

最後まで読んでくださった皆さん、改めて、心から「ありがとう」。

この本は「厄除け」をテーマにしていますが、きっともう、おわかりですね。

お伝えした数々のノウハウは、「悪いことが起こらない」どころの話ではなく、次から次へと幸運が降ってくるスイッチです。

これから皆さんが送るのは、「奇跡が自然、当たり前」になる人生です。

毎日奇跡が起こり続けて、奇跡が普通になるのです。

それは言い換えると、「意識（顕在意識）」ではなく、「潜在意識」で神様とつながる、ということです。

福の神は宇宙全体を包むエネルギーで、貧乏神は「ひとり」の中に入ってくるもの。

「ひとり」とは、単体としての自分の脳と心。つまり意識です。

対して潜在意識は、宇宙とつながっています。ひとりの思考はたかがしれているけれど、宇宙には無限大のエネルギーと、至高の知恵があります。

その無尽蔵のパワーを、いくらでも「引き出す」ことができる。
そのことを、頭であれこれ考えずに、「バカになって」信じましょう。
そして、あなた自身が喜べること、楽しめることをどんどんしましょう。

同じ人生、悩んで生きるより、バカになって楽しんでしまったほうがいい。
阿波踊りの「踊らにゃ損、損」ではないですが、人生、楽しまないと損です。
心の中に、「楽しまないと損」と書いた紙を、額装して飾ってください。
貧乏神はそれを見たら、回れ右して去っていきます。

そんなあなたに、今日も明日も、奇跡が降り注ぐでしょう。
ですから、夜、眠る前には、福の神様に「ありがとうございます」を言いましょう。
そして、こう聞いてみましょう。

「明日は、どんな奇跡があるんでしょう？」

――その答えは、明日、やってきます。どうぞ、お楽しみに！

この本を書き終えた僕自身も今、また一つ、ワクワクするプロジェクトを始めたところです。それは、「ミロクの世界」の始まりとなる場所の設立。名前を「一般社団法人369Miroku Mind アカデミー」といいます。

「潜在意識」よりさらに深いところに「純粋意識」があります。エゴのない「真我」とも呼ばれる意識で、これもまた、高次元の世界、宇宙へとつながる意識です。

二〇二三年末に生まれたばかりの369Miroku Mind アカデミーは、この純粋意識に「音」を使ってアクセスし、皆さんを「ミロクの世界」へとご案内する場所です。

「ミロクの世界」とは、ごく簡単に言うと弥勒菩薩様が降りてきて幸福をもたらす世界のこと。それは実は五六億七〇〇〇万年後にやってくる、なんて言われているのですが……果てしないですよね！　ともかく、争いのない、愛（オキシトシン）で溢れた世界、それがミロクの世界です。

そして心地よい音は、オキシトシンをはじめとする「幸せホルモン」の分泌を促すことで知られており、こうした研究は今も進められています。これからは、今まで「スピリチュアル」と呼ばれていた分野が、「科学」によって解き明かされていくことになると僕は見ています。

僕はそうした勉強を続けながら、ちょっぴり先回りして、音を使って皆さんと「ミロクの世界」に近づいてみようと思っているわけです！

今よりもっといい未来を思い描いて、そこに近づく方法を勉強して、方法がわかったら皆さんに共有して、共有した皆さんに喜んでいただくことができたら……、我ながら完璧な「貧乏神退散！」ループだと思います。

皆さんが、あなただからできること、あなたが心から夢中になれることを、本書をきっかけに見つけられるよう、毎日お祈りしています。

369 Miroku Mind（ミロクマインド）
事業の失敗、離婚、重度のうつ病――お金も家族も失い、生きる意味をも見失いかける苦難の中、10年以上もがき続けた過去を持つ。うつの薬が効かず、さまざまな瞑想やスピリチュアルに触れる日々で、いくつもの小さな「氣づき」をきっかけに、数ヶ月でがらりと人生が変わる。その「氣づき」を共有すべく、開運YouTubeチャンネル「369 Miroku Mind」を開設。2023年11月時点で登録者は約30万人にのぼる。今日も全国の視聴者に大大大吉を招くべく、「氣づき」を発信中！

【369 Miroku Mind】チャンネル
https://www.youtube.com/@369mirokumind
【白山くくる姫】チャンネル
https://www.youtube.com/@kukuruhime

貧乏神退散《びんぼうがみたいさん》！みるみるツキが回《まわ》り出《だ》す
厄除《やくよ》けおまじない集《しゅう》

2024年１月18日　初版発行

著者／369 Miroku Mind《ミロクマインド》

発行者／山下　直久

発行／株式会社KADOKAWA
〒102-8177　東京都千代田区富士見2-13-3
電話　0570-002-301（ナビダイヤル）

印刷所／大日本印刷株式会社
製本所／大日本印刷株式会社

●お問い合わせ
https://www.kadokawa.co.jp/（「お問い合わせ」へお進みください）
※内容によっては、お答えできない場合があります。
※サポートは日本国内のみとさせていただきます。
※Japanese text only

定価はカバーに表示してあります。

ISBN 978-4-04-606634-3　C0095